〈지옥의 열번째 왕第十五道轉輪大王〉부분, 19세기, 국립중앙박물관 소장

지옥에 한번 떨어지면 천년토록 풀려나기 어려우며,
하늘과 땅을 향해 울부짖어도 구원해주는 이가 없다고 한다.

〈고려대박물관 감로 高麗大博物館 寢盤 〉, 18세기 말, 고려대박물관 소장

우물에 몸을 던져 세상을 떠나는 한 많은 아낙의 모습이 보인다. 그 뒤로 떠돌아다니며 생을 연명하는 가족, 두 남녀가 끌어안고 우는 모습이 묘사돼 있다. 그 뒤편에는 거북등에 올라탄 토끼와 금빛 잉어가 그려져 있어 번다한 속세와는 다른 천상세계가 암시되어 있다.

정창화 감독의 〈장화홍련전〉 포스터, 1956

장화와 홍련이 귀신이 되는 내력담은 한국 영화의 대표적인 공포물로 자리 잡았다. 장화와 홍련의 이야기
는 비밀스런 가족사 비극을 공포의 정서로 투명하게 감싸안아 드러내는 상상의 출구를 마련해놓았다.

〈일본 조전사장 감로 日本 朝田寺藏 寢盤 〉, 1591, 일본 조전사 소장

여러 중생의 모습 중에서도 특히 하단에 배치된 우물에 빠진 처녀의 모습이 눈에 띈다. 자의로든 타의로든, 어쩌면 억울하게 죽었을지 모를 처녀 옆에 많은 사람들이 모여 있다.

처녀귀신

06 키워드 한국문화

처녀귀신

조선시대 여인의 한과 복수

최기숙 지음

문학동네

차례

처녀귀신, 귀곡성에 담긴 마이너리티 이야기

언제부턴가 여름이 되면 새로 개봉할 납량특집 공포영화가 궁금해졌다. 1998년부터 시작된 〈여고괴담〉 시리즈는 이제 5편을 개봉하면서 스타 여배우의 등용문으로 자리 잡았고, 〈장화, 홍련〉2003, 〈4인용 식탁〉2003, 〈분신사바〉2004, 〈분홍신〉2005, 〈기담〉2007, 〈고死: 피의 중간고사〉2008에 이르기까지 여자 귀신은 이제 한국인에게 친숙한 공포의 문화기호가 되었다. 텔레비전 드라마도 이런 흐름에 부응하듯 새롭게 단장한 〈전설의 고향〉을 선보이는가 하면 최근에는 여귀와 원한, 빙의를 소재로 한 드라마 〈혼〉2009 을 방영하기도 했다. 이제는 고전이 되어버린 심은하 주연의 드라마 〈M〉1994 등 다양한 공포물은 여름을 대표하는 장르 문화로 자리 잡았다.

그런데 이런 공포물에는 공통점이 있다. 귀신으로 등장하는 주인공이 모두 한을 품은 원귀寃鬼이며 여고생, 소녀, 미혼 여성 등 젊은 여성이라는 점이다. 시간을 거슬러 조선시대로 올라가도 한을 품은 귀신은 모두 여성이다. 긴 머리에 소복을 입은 처녀귀신의 모습은 이제 한국인이 공유하는 기억이자, 공통의 문화 기호가 된 것이다.

이 책의 문제의식은 여기서 출발한다. 과연 '처녀귀신'('처녀'라는 단어는

요즘 잘 쓰지 않지만, '처녀 귀신'은 문학적 상징으로 통용되기에 사용한다)
이라는 공포의 표상은 언제부터 형성되었을까? 왜 여자들만, 그것도 나이
어린 미혼 여성들만 귀신이 되었을까? 사람들은 왜 그들을 무서워하면서도
자꾸만 불러내 이야기를 만드는 것일까?

사람들은 누구나 귀신을 무서워하지만 귀신 이야기에는 대개 호의적이
다. 무섭다고 하면서도 어느새 귀신 이야기에 귀 기울이게 되고, 또다시 새
로운 이야기를 기대한다. 이는 귀신 이야기가 사실은 저승의 이야기가 아니
라 현실의 이야기이며 나와 상관없는 귀신에 '관한' 이야기가 아니라 바로
우리들, 나 자신의 이야기이기 때문이다. 사람들은 귀신이라는 상징물을 통
해 현실과 인간에 관해 이야기하고 싶은 것이다.

나의 요가 선생님은 종종 "지금 하는 동작에 통증이 느껴진다면 그저 자
신의 몸을 남의 것처럼 지그시 바라보세요"라고 말씀하신다. 나는 귀신 이
야기에 대한 사람들의 심리도 이와 비슷하다고 생각한다. 귀신 이야기라고
하면 사람들은 우선 거리를 두지만 사실은 그것이 자기 이야기임을 알기
때문에 무섭다고 하면서도 이야기에 빠져드는 것 아닐까. 이야기 속에 펼쳐
지는, 그토록 무섭고 추한 세계를 귀신의 세계일 뿐이라고 여기면 안심하게
되고, 자세히 관찰하면서 토론해볼 용기도 낼 수 있다. 하지만 지금 내가 살
고 있는 세상이 이야기 속 세계와 같다고 말해버리면 현실을 외면해버리거
나 더욱 흥분해서 과장된 집착을 보이게 된다. 나쁜 사람은 이야기 속의 악
인이지 내 주변 사람이 아니며, 결코 내면에 잠재한 자신의 모습일 리는 없

다고 거리를 두어야만 고통스런 현실을 제대로 관찰하고 살아낼 에너지를 온축할 수 있다.

그런 이유에서 귀신 이야기를 만들고 즐기는 일은 궁극적으로 건강한 행위다. 귀신이 상징하는 세계의 어둠, 음모, 욕망, 질투, 배신 등 음험한 것들의 수런거림에 귀 기울임으로써 무엇이 선이고 악인지, 무엇이 빛이고 어둠인지 분명히 헤아릴 수 있기 때문이다. 더구나 귀신이 하나같이 당대 사회의 소외된 인물, 사회적 약자라는 사회 문화적 맥락에서 볼 때 귀신 이야기를 향유한다는 것은 곧 마이너리티의 문화, 소수 문화에 귀 기울인다는 의미를 지닌다. 한국 귀신의 전형이 처녀귀신이라는 것은 곧 '처녀'야말로 한국사회의 약자, 억압받은 존재였음을 의미한다. 동시에 처녀귀신 이야기를 만들고 즐겨온 전통은 그들에 관한 사회적 책임과 죄의식이 공통의 문화적 과제로 사유되어왔음을 뜻한다.

이 책에서는 조선시대의 귀신 이야기를 탐구해보았다. 남자 귀신은 죽은 뒤에도 가장으로서의 책임과 권위를 행사하며 조상신으로 기려지는 반면, 여자 귀신은 한을 품은 원귀로 등장해 사람들을 벌벌 떨게 한다. 살아생전 관직에 있었던 남자들은 저승에서도 벼슬을 했지만, 여자가 명부冥府, 사람이 죽은 뒤에 간다는 영혼의 세계의 관리가 되었다거나 염라왕이 되었다는 이야기는 찾을 수 없었다. 말하자면 저승이나 귀신에 대한 상상은 현실을 바탕으로 조율되었다. 여자 귀신을 원귀로 상상했다는 것은 현실의 여성들도 풀어내지 못한 한과 응어리를 귀신이 되어서도 간직한 채 살았음을 뜻한다. 더 중요한 것은 여성은 오직 죽어서 귀신이 되어서야 비로소 자신의 목소리를 낼 수 있었다는 점이다.

그렇기에 조선시대의 귀신 이야기를 읽는 것은 즐겁고도 고통스러운 일이다. 여성은 죽은 뒤에야 비로소 자신의 의견을 말하고 사회적 요구를 할 수 있었다는 것은 현실의 삶에서는 그것이 불가능했음을 의미한다. 더욱 충격적인 것은 여자 귀신을 불행하게 만든 대상이 바로 가정이며 가족이라는 점이다. 처녀귀신 이야기는, 스위트 홈이란 단지 환상에 불과하며 가정은 온갖 부조리와 모순, 억압이 가득한 위험지대라고 말하는 듯하다. 귀신 이야기 속의 가정은 결코 여성들의 안전지대가 아니었던 것이다.

조선시대의 귀신 이야기를 읽을 때 유의해야 할 점이 있다. 한문으로 쓰인 야담의 경우 이야기의 향유층 대부분이 한문을 읽고 쓸 줄 아는 사대부 남성이었기 때문에, 여성에 관해 이야기할 때에도 남성 중심적인 관점에서 바라볼 수밖에 없었다는 점이다. 옛 이야기를 읽을 때는 그 향유층이 누구였는가에 주목해야 한다. 누구의 관점에서 이야기하는지를 알아야 작품을 객관적으로 바라볼 수 있다. 후대에 한글로 번역되어 폭 넓은 독자층을 확보한 경우에도 처음에 확정된 이야기의 상상 구조, 서사 문법이라는 원심력으로부터 완전히 자유로울 수 없다. 귀신 이야기가 단순히 자극적인 오락물이 아니라 매우 정치적이고 복잡다단한 비평적 독해를 요구하는 것은 이 때문이다.

그러나 이에 앞서, 독자들이 그저 순수한 흥미와 호기심을 가지고 이 책을 대해주기를 바란다. 이야기의 가장 큰 매력은 재미와 상상력의 촉발에 있기 때문이다. 현실에 대한 예각화된 인식이나 역사 인식, 문화 읽기라는 지적인 작업은 재미있는 이야기가 뜻밖에 가져온 선물이 될 수 있기를 바란다. 이제 해원解寃의 그로테스크 판타지, 귀신 이야기의 세계로 들어가보자.

2010년 5월

최기숙

1

조선 후기의
귀신 이야기를
읽는 방법

이들은 자신의 의지를 가로막는 세상에 저항하기 위해 자결한 슬픈 사연의 주인공이다. 그 때문에 귀신들은 공포에 앞서 슬픔을, 분노보다 큰 애상감을 불러온다. 이들은 오직 순수하게 마음을 나눌 수 있는 이에게만 모습을 드러냈다. 아주 먼 옛날, 귀신은 함부로 마음을 열지 않는 수줍음 많은 처녀였으며, 현실과 타협할 줄 모르는 강한 자의식의 소유자였다. 처녀귀신은 꿈을 간직한 순수한 영혼이었지만, 죽은 뒤에야 그 꿈을 이룬 소망의 존재, 비운의 주인공이다.

귀신이 사는 곳, '이야기' —조선 후기 야담집의 귀신 이야기

귀신은 생과 사의 경계에 있다. 그(녀)는 자연사할 권리를 박탈당하고 현실에서 추방된 존재인 동시에, 죽음의 세계에도 안주할 수 없는 방랑자다. 이승에서의 생명이 멈춘 뒤에도 '귀신'으로서의 '생'을 이어가야 하기 때문이다. 그런 식으로 연장되는 삶이란, 차라리 저주받은 삶이라 불러야 할 것이다. 누구도 그런 삶을 원하지 않는다. 귀신이 공포의 대상이 되는 것은 그(녀)가 소속이 불확실한 '경계의 존재'이기 때문이다. 그(녀)는 생과 사의 어느 한 쪽에도 안착할 수 없는 떠돌이, 부유하는 난민이다.

그(녀)의 등장으로 이승과 저승은 데칼코마니처럼 닮아 있음이 비로소 드러난다. 이로 인해 이승과 저승이 완전히 다른 세계이며 서로 넘나들 수 없다는 상식은 전복된다. 귀신은 생사의 경계에서, 삶과 죽음이란 이원론적 구분을 조롱한다. 이제껏 현실을 지 해온 합리와 이성의 법칙을 부정하는 것이다. 귀신은 단단하리라 믿었던 현실의 토대를 일시에 무너뜨리며, 해답 없는 질문과 끝나지 않을 듯한 불안 속으로 목격자를 밀어 넣는다. 귀신은 삶에서 벗을 구하는 고독한 환영물, 그림자도 없는 공포의 분신이다.

귀신이 환기하는 것이 어둡고 차가운 죽음의 이미지만은 아니다. 마치 자석처럼 귀신은 이승의 목격자를 저승 세계로 끌어당긴다. 음기를 빨아들인 축축한 느낌, 혼이 빠져나간 몸이 혼자서 썩는 냄새, 그리고 억눌린 분노와 슬픔이 뒤섞인 한기를 불어낼 때, 목격자는 문득 온몸이 오싹해지는 전율을 느낀다. 귀신을 보는 일은 마치 눈을 뜬 채로 저승을 보는 것과 같다. 동시에 귀신을 목격한 자는 그 사실만으로도 귀신이 현실에 출현한 이유를 알아야 할 운명에 처한다. 목격자는 산 채로 사후 세계를 미리 체험해야 하는 부담을 떠안는 동시에, 귀신의 불운에 동참해 귀신과 운명 공동체를 이룬다. 목격자의 공포는 이러한 운명을 오직 혼자서 감당해야 한다는 '개인성'을 확인하는 데서 증폭된다. 귀신의 요청을 거부하는 자에게 남겨지는 것은 죽음뿐이다. 그런 의미에서 귀신은 산 자의 생기를 먹고 사는 사신死神의 기호다.

귀신을 목격한 자가 살아남기 위해서는 귀신의 음성을 들어야 한다. 그 과정은 고통스럽고 잔혹하다. 그것은 귀신의 음성이 사후 세계와 닿아 있기 때문이 아니라 귀신이란 결국 냉정하고 잔혹한 현실이 만들어낸 가학적 증거물이라는 확인에서 비롯된다. 귀신에 대한 공포는 결국은 모순투성이의 잔인한 현실을 확인하는 데서 비롯된다.

처녀귀신, 비운의 주인공

한국인에게 귀신은 전형적인 모습으로 각인되어 있다. 길게 늘어뜨린 머리에 피 묻은 얼굴, 증오를 내뿜는 강렬한 눈빛, 두 발을 가릴 정도로 길고 긴 하얀 소복. 귀신은 오직 여성, 그것도 세월의 흔적을 비껴간 처녀의 형상으로 떠오른다.

귀신의 모습이 이처럼 고정된 것은 비단 대중매체의 영향 때문만은 아니다. 영화나 드라마에 처녀귀신이 등장하기 이전부터, 한국의 귀신은 모두 여성으로 상상되었다. 미디어의 등장은 전통적인 귀신 이미지를 확대재생산하는 기폭제 역할을 했을 뿐이다.

처녀귀신의 전통은 뿌리 깊다. 그것은 15세기에 김시습이 창작한『금오신화』에 실린 다섯 편의 소설로 거슬러 올라가며, 더 멀게는 삼국시대를 배경으로 하는『수이전』에 수록된「최치원」으로 소급된다. 여기에 등장하는 귀신은 모두 여성이고, 스무 살이 넘지 않았다. 이들은 자신의 의지를 가로막는 세상에 저항하기 위해 자결한 슬픈 사연의 주인공이다. 그 때문에 귀신들은 공포에 앞서 슬픔을, 분노보다 큰 애상감을 불러온다. 이들은 오직 순수하게 마음을 나눌 수 있는 이에게만 모습을 드러냈다. 아주 먼 옛날, 귀신은 함부로 마음을 열지 않는 수줍음 많은 처녀였으며, 현실과 타협할 줄 모르는 강한 자의식의 소유자였다. 처녀귀신은 꿈을 간직한 순수한 영혼이었지만, 죽은 뒤에야 그 꿈을 이룬 소망의 존재, 비운의 주인공이다.

성리학적 관념 속의 귀신

처녀귀신은 일상적이고 평화로운 죽음에 대한 관념을 완전히 전복시킴으로써 공포의 표상이 되었다. 한국 문화에서 이상적으로 생각해온 죽음의 형식은 노화老化의 궁극적 지점에서 맞는 자연사다. 처녀귀신이란 이에 대한 욕망과 기대를 일시에 배반한 불온한 문화 기호로 자리매김한다. 여성에게 혼례란 성인식과 동일시되었으므로, 처녀귀신은 미처 성인의 세계로 진입하지 못한 실패자의 표상이기도 했다. 사람으로 살아갈 수 없었던 귀신의 슬픔이 '공포'로 자리바꿈한 데에는 이러한 내력이 작용하고 있다. 응축된 한의 밀도는 감당하기 어려운 공포로 감지되는 것이다.

이러한 문화적 맥락으로 볼 때 문헌에 전하는 귀신 이야기가 성리학적 이념이 지배했던 조선시대에 창작되고 향유됐다는 점을 언뜻 이해하기 어렵다. 현실을 중시하는 유교에서는 사후 세계에 대한 언급을 금기시하고 억압했기 때문이다. 하지만 이런 경향성은 유교 문화의 중심 의례 중 하나가 제사라는 점, 그리고 제사는 사후 세계의 영혼을 전제로 한다는 것과 모순된다. 귀신을 부정하는 문화와 조상신을 모시는 문화가 함께 존재한다는 사실은 납득하기가 쉽지 않다.

그런데 유교에서 조상에게 올리는 제례의식은 죽은 뒤에도 영혼이 살아 있다는 귀신 문화를 인정하는 차원이 아니라, '예'를 존중하는 현실적이고 합리적인 차원에 근간을 둔다. 『논어』에 실린 귀신에 대한 견해는 다음과 같다.

공자께서는 괴이한 일, 힘으로 하는 일, 어지러운 일, 귀신에 관한 일을
말씀하지 않으셨다.

—『논어』「술이」

계로가 귀신 섬김을 묻자, 공자께서 "사람을 잘 섬기지 못한다면 어떻게
귀신을 섬기겠는가?" 하셨다. "감히 죽음을 묻겠습니다" 하자, 공자께서 "삶
을 모른다면 어떻게 죽음을 알겠는가?" 하셨다.

—『논어』「선진」

번지가 지혜로움에 관해 묻자, 공자께서 말씀하셨다. "사람이 지켜야 할
도리에 힘쓰고 귀신을 공경하되 멀리한다면 지혜롭다 말할 수 있다."

—『논어』「옹야」

말하자면, 성리학에서 귀신은 그 유무의 논증에 앞서 회피되었던 존재이
자, 공경하는 마음을 갖고 멀리해야 할 '경이원지敬而遠之'의 대상이었다. 형
상으로서의 귀신은 부정되었지만, 원리와 존재로서의 귀신은 인정되었던
셈이다. 주희는『중용』에 언급된 귀신에 대해 "귀신은 형체와 소리가 없으
나 사물의 시작과 종말은 음양이 합하고 흩어져 된 것이 아닌 게 없으니, 이

는 그 사물의 본체가 되어, 사물이 능히 빠뜨릴 수 없는 것이다"라고 주석한
바 있다. 주희는 송대의 유학자 정자程子가 쓴 "귀신은 천지의 공용功用, 적절
한 쓰임이요 조화의 자취다"라는 문장과 장자張子, 장횡거張橫渠의 문장, "귀
신은 음양 두 기운의 양능良能, 조화로운 변화이다"를 인용하면서,[1] '귀鬼'와
'신神'을 분리된 개념으로 해석했다. '귀'의 속성은 음陰으로서, 돌아가고 물
러나며 소멸하고 죽는 것이다. 가을과 겨울처럼 머물러 있고 조용하며 안으
로 수렴되는 성질을 지녔다. '신'의 속성은 양陽으로서, 흩어지고 펼쳐지고
쉬고 생겨나는 것이다. 봄과 여름처럼 생동적이고 표현적이며 움직이고 밖
으로 발산하는 성질을 지녔다. 성리학적 개념의 '귀신'이란 음양의 두 기氣
를 바탕으로 하여 천지 만물을 창조 변천시키는 근원적인 실체, 곧 이理의
작용으로 간주된 것이다.[2]

이러한 해석은 다분히 원론적이고 형이상학적이다. 인간의 형상을 띠고
등장하는, 사후 세계의 존재로 상상했던 민간적 개념의 귀신, 문학적 상상
속의 귀신과는 구별된다.

옛사람들이 상상한 귀신

'귀신'이란 인간의 사후적 존재다. 하지만 누구나 죽어서 귀신이 되지는
않는다. 이승에 미련을 가진 자, 한이 깊어서 도저히 현실을 떠날 수 없는
자만이 귀신이 된다.

귀신은 사후 세계, 즉 저승이라는 상상 속 공간에서 생명력을 부여받는다. 동시에 오직 목격자에 의해서만 존재 증명이 가능하다. 아무도 없는 공간에 출현한 귀신은 귀신이 아닌 셈이다. 그런 의미에서 귀신은 포획된 타자다. 귀신에 대한 이러한 인식은 경이와 낯섦, 공포의 시선으로 전달되는 귀신 이야기들을 통해 발견된다.

유교 문화가 지배하던 조선시대에 귀신 이야기가 유행했다는 것은 주목할 만하다. 전통적으로 유교는 철저히 현실에 근거한 학문이자 종교였으며 교육의 종주였다. 따라서 비현실적인 귀신을 논하거나 사후 세계를 거론하는 것은 '공자님도 하시지 않은 일'이다. 한문을 읽고 쓰는 양반들이 귀신 이야기를 짓고 읽고 입에 올리는 것은 반사회적 행위였으며, 온당치 못한 처사였다. 예가 아니었을뿐더러, 사대부의 교양에도 어긋났다. 따라서 유학을 공부하는 선비들은 귀신 이야기를 하지 않아야 마땅했다.

그럼에도 불구하고 조선시대 야담집에는 귀신 이야기가 전한다. 물론 그 분량은 미미하다. 야담집을 창작하고 읽고, 다시 편집하거나 전했던 이들이 대부분 사대부 남성이기 때문이다. 후기로 가면서 한글로 쓰인 야담집이 생겨나기도 했지만, 주된 향유층은 여전히 한문을 읽고 쓰는 사대부 남성이었다. 공부하는 선비나 관리들이 여가에 읽던 심심풀이 독서물인 야담집에 등장하는 거의 대부분의 주인공이 사대부 남성, 벼슬하는 관리라는 점은 독자층과 텍스트 내용 사이의 상관성을 입증한다.

이야기에 등장하는 귀신은 두 부류다. 하나는 현실의 불완전성을 해결하고 도움을 주기 위해 등장한 귀신이다. 다른 하나는 순탄한 죽음을 맞지 못한 원귀寃鬼다. 이야기 속에서 이들은 정확히 남자와 여자로 구분된다. 말하자면 무서운 원귀 이야기의 주인공은 여성이 독점한 셈이다. 그러나 성별을 막론하고 죽은 뒤에도 현실과 관계를 맺으며 현실에 영향력을 행사하려 한다는 것은 이들의 공통점이다. 이유 없이 등장하는 귀신이란 없는 것이다. 귀신은 한의 증거인 동시에 의지와 욕망의 표상이다. 이들은 삶과 죽음, 현실과 사후 세계의 단절성을 해체한다. 동시에 그 경계에 위치한 인간의 욕망과 의지의 지점들을 포착해내는 타자로서의 지위를 획득한다.

따라서 귀신 이야기는 현실과 죽음의 상관 관계를 반영해 만들어지기마련이다. 귀신 이야기는 현실에서 배제되고 억압된 죽음의 세계가 현실에 영향력을 미치는 과정을 보여준다. 이는 자연스럽게 현실에서 배제된 자는 누구이며, 어떤 이유로 그가 부당한 죽음에 이르는지, 그 억울함은 어떻게 풀 수 있는지에 관한 해결 방안을 펼쳐 보여준다.

그런 점에서 귀신 이야기는 단지 죽음에 대한 당대의 상상력을 문학적으로 보여주는 데 그치지 않는다. 오히려 귀신 이야기는 죽은 뒤에도 잠들지 않는 욕망과 의지는 어떤 것인지를 드러낸다. 귀신의 생리와 생태를 이해하는 일이 곧 문학 향유층의 욕구와 삶에 대한 기대에 접근하는 길인 것은 이러한 이유에서다.

사대부 남성의 독서물인 야담집의 귀신 이야기

18, 19세기 야담집에 실린 귀신 이야기는 많지 않다. 황탄荒誕, 말이나 하는 짓이 허황함한 것을 기록하는 일을 금기로 삼던 조선시대 문화에서 사대부 남성들이 귀신 이야기를 쓰거나 읽는 것을 꺼렸던 까닭이다. 중요한 것은 그런 문화 속에서도 분명히 한문으로 적힌 귀신 이야기가 존재했다는 점이다.

야담집에 실린 귀신들의 성비性比를 살펴보면, 대부분의 이야기에서 주인공은 남성의 몫이었다. 특히 역사적으로 실재하는 인물을 '야사野史' 형식으로 적은 이야기에서 실명으로 거론된 인물은 대부분 남성이다. 기록된 역사에서 관직이 높은 남성이 중심인 것처럼, 야사의 성격을 지닌 야담집에서도 남성 이야기가 중심이 되었다.

이런 경향은 이야기에 등장하는 귀신의 성비에서도 일관되게 나타났다. 조선 후기의 대표적 야담집으로 흔히『동야휘집』『기문총화』『청구야담』을 거론한다. 이 중에서『청구야담』을 예로 들면, 총 183편의 이야기 중에서 귀신이 직접 등장하는 이야기는 단 6편이다. 그중 1편은 인격과는 무관한 질병의 신에 관한 이야기이고, 1편이 산신 이야기, 3편이 남자 귀신 이야기이며, 여자 귀신 이야기는 단 2편이다.『기문총화』에서도 상황은 다르지 않다. 전체 이야기는 모두 637편인데, 이 중 12편에만 귀신이 등장한다. 남자 귀신 이야기는 9편이고, 여자 귀신 이야기는 단 1편이다. 나머지 2편은 성별을 구분할 수 없는 비인격신이다. 남자 귀신 이야기가 여자 귀신 이야기에 비해 많은데도 더 오래 기억되고 널리 회자되는 것은 여자 귀신 이야기, 그 중에서도 단연코 처녀귀신 이야기다. 그것은 처녀귀신 이야기가 갖고 있는 독특한 '한'의 정서에 기인한다. 억울한 일을 당하고도 하소연할 곳이 없었던 여자들이 귀신이 되어서야 비로소 '말하는 입'을 갖게 되었고, 이야기는 바로 그 목소리를 들을 수 있게 하는 확성기 역할을 했던 것이다. 오늘날 처녀귀신 이야기가 귀신 이야기로서의 '정통성'을 확보하게 된 데에는 이야기에 이러한 상황적 요소, 억압된 것을 풀어주는 활력이 작동하고 있기 때문이다.

이번에는 귀신을 목격한 인물의 성비를 살펴보자. 야담에 등장하는 인물 대다수가 남성인 것처럼, 귀신의 목격자 또한 남성이 차지하는 비율이 높다. 특히 여자 귀신들은 거의 대부분 남자에게만 모습을 드러낸다. 이는 일차적으로는 야담이 한문 해득력을 지닌 사대부 남성을 중심으로 향유되었다는 것과 관련된다. 그랬기에 야담에 등장하는 인물들도 대체로 사대부 남성이 주를 이룬다. 야담집은 관직이 높은 사대부들의 탁월하고 빼어난 자질에 관한 이야기를 담고 있는 반면 그들의 품위 있고 격조 있는 삶 이면의 엉뚱하고 우스꽝스러운 일화도 싣고 있다. 야담집은 사대부들의 사회적 입지를 공고히 하면서도 유연성을 확보해 그들의 일상을 접근가능한 것으로 재조명하는 문화적 역할을 했던 독서물이다. 여자 귀신들이 사대부 관리에게 모습을 드러낸다는 설정은 사대부들이 귀신의 억울함을 들어주고 문제를 해결하게 함으로써 그들의 '능력'을 부각시키는 역할을 했던 것이다.

야담집에서 남녀 귀신들이 현실과 관계 맺는 방식은 서로 다른 특성을 보여준다. 대개의 남자 귀신은 조상신으로 등장한다. 그들은 친구나 아내, 아들 등 가족에게 모습을 드러내어 가장으로서의 의무와 책임을 표현한다. 반면, 여자 귀신은 하나같이 모두 억울하게 죽은 '원귀'나 '자살귀'로 등장한다. 이들은 오직 자신의 억울함을 풀어줄 수 있는 관리 앞에 나타난다. 남자 귀신이 조상신으로 영원히 기려지는 데 비해, 여자 귀신은 권력자가 억울함을 풀어주면 다시는 나타나지 않는다. 귀신의 성별에 따라 현실에 나타나는 이유와 영향력을 행사하는 기간에 차이가 난다는 점은 귀신에 대한 상상력에 성별이라는 요소가 개입되었음을 뜻한다. 귀신담을 읽을 때 '젠더 차이'를 고려해야 하는 것은 이러한 이유에서다.

'삼인칭 객관적 시점'이라는 허구성

18,19세기 야담집에 실린 이야기들은 모두 삼인칭 객관적 시점을 취하고 있다. 삼인칭 객관적 시점이란 이야기 속 화자가 등장인물이나 사건에 대해 '객관적' 관점을 유지한다는 것을 의미한다.

그러나 엄밀히 말해 '객관적 시점'은 의식적 또는 무의식적으로 향유층의 지배 이데올로기에 보편성과 자연성을 덧입히는 기술적인 방편으로 보는 것이 적절하다. 이야기의 세계에서는 완전무결하고 보편타당한 객관적 시점의 성립은 사실상 불가능하기 때문이다. 이야기를 전달하는 서술자 또한 자신의 입장과 관점으로부터 자유로울 수 없다. 따라서 야담의 삼인칭 객관적 시점이라는 형식은 실제로는 야담 향유층인 사대부 남성의 입장과 시선을 대변하는 것으로 이해할 필요가 있다.

이러한 서술 조건 속에서 이야기의 의미 맥락을 살펴보자. 이야기 속 귀신의 목소리는 목격자를 통해 전달되기 마련이다. 그 목격자는 앞서 말한 바와 같이 남성 관리가 대부분이다. 설혹 귀신이 직접 목소리를 낼지라도, 그 내용을 적는 서술자가 있기 마련이다. 서술자는 제3자의 입장에서 객관적으로 이야기를 전달하는 것처럼 보이지만, 때때로 자신의 입장이나 태도, 견해를 직설적으로 발언하기도 하며, 겉으로는 드러나지 않는 '시선'을 통해 이야기의 흐름을 어느 정도 통제한다. 이때, 서술자는 대체로 야담의 주된 향유층인 사대부 남성의 입장을 대변하게 된다.

귀신을 목격한 남성 관리들은 귀신의 억울함을 풀어줌으로써 귀신의 세계를 용인하는 것처럼 보인다. 하지만 사실상 그들은 귀신의 목소리에 귀기울이고 소원을 들어줌으로써 귀신을 완전히 추방하는 역할을 수행한다. 억울함이 풀린 여자 귀신들은 영원히 현실에서 사라짐으로써 귀신으로서의 천수를 다하기 때문이다. 이 모든 과정은 '물러가라'는 관리들의 요구에 따른 것이 아니라 억울함을 푼 여자 귀신들의 자발적 의사로 이뤄진다. 누명을 벗은 여자 귀신들이 알아서 떠난다는 이야기의 흐름은 부조리하고 모순된 현실을 완벽하게 처리하는 명관明官의 탁월성에 관한 이야기로 포장된다.

이로써 사후 세계는 다시 현실과 완전히 결별하며, 생과 사의 경계에 선 귀신은 죽음의 세계로 완전히 귀환한다. 귀신의 등장으로 한때 불안하고 소란스러웠던 현실은 다시 아무 일도 없었다는 듯이 원래의 안전지대로 복구된다. 귀신 이야기가 현실의 모순을 폭로하고 이에 대한 교정을 요청하는 전복의 서사인 동시에, 현실의 복구를 강렬히 희구하는 환원의 서사인 것은 이러한 이유에서다.

여자 귀신 이야기에 관심을 갖는 이유

18, 19세기 야담집에 실린 귀신 이야기를 살피는 것은 당시의 문화적 현실과 상상력을 이해하는 방법이 된다. 귀신과 사후 세계를 금기시했던 사대부들이 어떤 방식으로 귀신 이야기를 만들어내고 향유했는가는 당대의 문화 논리를 이해하는 유력한 방식이다. 언뜻 보기에 귀신 이야기에 주목하는 것은 당대의 문화적 혜택에서 소외된 자가 문학에 등장하는 방식을 살피는 주변적인 작업처럼 보인다. 귀신이란 존재가 주류 문화에 소속되지 않은 소수자의 문화 논리를 대변하는 것처럼 보이기 때문이다.

그러나 바로 그런 이유 때문에 '귀신' 이야기는 오히려 당대 문화가 '의식적으로' 은폐하고 억압했던 문화적 요인과 의식의 풍경을 보여주는 거울이

된다. 소수자를 호출하고 표현하는 과정을 통해 비로소 당대의 지배 문화, 주류 문화, 다수자 문화의 보편화된 문화 논리를 판독할 수 있기 때문이다. 이제 귀신이 탄생하는 방식에 주목하며 귀신을 억압하고 소외시킨 문화의 전경前景, 전제가 되는 배경을 읽어내는 작업을 시작해보자.

한의 분신—자살 원귀

여자 귀신 이야기에서 가장 고통스러운 죽음의 형식은 자살이다. 당사자의 '선택'에 따른 '자살'은 자연사나 우연히 발생한 사고사事故死와는 다른 사회적 맥락을 갖는다. 자살은 반사회적 맥락으로만 자리매김되어왔다. 외형적으로 자살은 전적으로 주체의 선택인 것처럼 보인다. 그러나 그 이면을 살펴보면 자살은 사실 사회적 약자가 비자발적인 타의에 의해, 어쩔 수 없이 선택하는 마지막 대안일 때가 많다. 이들은 자신이 원하는 대로 살 수 없는 극한 상황에서 오직 죽음의 길밖에 없다는 절박함으로 죽음을 선택한다. 이들의 자살은 자신을 궁지로 내모는 현실에 대한 저항의 표현이자 불특정 대상을 향해 간절히 요청하는 구원의 사인인 경우가 많다. 자살자는 일차적으로 타인, 또는 사회와의 대화와 타협을 허용하지 않았다는 점에서 반사회적 존재로 간주된다. 그러나 자살자가 대화와 타협을 거부한 이유는 무엇일까? 그 이면에는 개인에 대한 제도와 이데올로기의 폭력이 전제되어 있음을 간과해서는 안 된다. 이러한 맥락에서의 자살은 그 동기가 사회의 관계망과 연결돼 있으므로, 개인의 심리나 정서적 성향에 기인한 절망이나 고독, 신경쇠약으로 인한 자살과는 구별된다.[3]

이야기 속의 자살자들은 사후 세계에 대한 기대나 선망 때문에 죽음을 택한 것이 아니다. 말하자면, 그들의 자살에는 '죽음관'이 개입되어 있지 않다. 죽은 뒤에 전보다 더 나은 세계로 간다든지, 더 나은 조건으로 환생하기 위해 죽는 것이 아니다. 그들의 자살은 철저히 현재의 삶에 대한 반응 형태로 나타난다. 삶에 대한 좌절과 저항, 그리고 도피의 수단으로 자살을 택한다.

자살로 인한 죽음은 현실의 막다른 골목에 선 자의 궁극적인 좌절을 가늠케 한다. 자살은 생의 모순에서 비롯된 불가피한 파생물로서 호소된다. 따라서 자살에 관한 이야기를 살피는 것은 당대인의 죽음관을 이해하는 것이 아니라, 죽음을 선택할 수밖에 없었던 개인적 삶의 존재론적이고 사회적인 여건을 이해하는 길이 된다.

자살자들은 종종 신발이나 소지품, 사연을 적은 유서 등 자신의 흔적을 남긴다. 귀신은 이런 파편적인 유물을 남기는 대신 그 자신이 존재의 환영이 되어 나타난 분신이다. 자살한 원귀들은 인간이 죽어서 소멸하지 않는다는 것을 증거한다. 그러므로 이들의 출몰은 가해자의 실패를 뜻한다. 가해자는 직간접적으로 이들을 현세 바깥으로 몰아냈으나, 이들은 완전히 소멸하지 않고 귀신이 되어 다시 나타났기 때문이다. 동시에 원귀의 등장만으로도 현실 제도나 질서, 원리나 이념이 전복되었음을 의미한다. 이것이 바로 원귀가 반사회적 존재로 읽히는 이유다.

공포라는 감각—가해와 공범의 증표

　여자 귀신 이야기는 원한 맺힌 여인의 자살담 형태로 구성되어 귀신의 한을 공포로 전이시키는 방식을 채택해왔다. 그 과정에서 귀신이 등장한 배경으로서의 문화 논리는 은폐되었다. 이야기가 그들이 왜 여귀女鬼가 되었는가에 주목하기보다는 귀신의 등장이 가져오는 공포와 파괴적 속성에 초점을 맞추었기 때문이다. 또한 귀신의 '한'에 귀 기울이기보다는 귀신을 물리친 '똑똑한 남성'의 문제 해결력에 주목하는 서사 논리가 관여되었기 때문이다. 무엇보다 여귀들의 '슬픈 사연'에서 '공포와 잔혹의 서사'로 탈바꿈시킴으로써 단지 자극적이고 흥미로운 사건 전개에 탐닉하게 만든 것이다. 놀이동산이나 테마 파크의 '귀신의 집'에서 공포와 서스펜스를 '재미있는 유희'로 소비하는 것과 마찬가지다. 그 누구도 놀이동산에 등장한 귀신의 내력에 관심을 기울여 그를 인터뷰하지는 않는다. 귀신은 현실의 모순이라는 어두운 진실과 소통하는 기호가 아니라 자극과 흥미 유발을 위한 유희의 기호가 된 것이다.

또다른 나—『금오신화』의 여자 귀신들

귀신은 무섭다. 비명횡사의 증거, 억울함의 표상이기 때문이다. 그들의 사연을 듣는 것은 불투명한 현실, 부조리의 어두운 그림자와 대면하는 일이다. 귀신담이 곧 호러와 스릴러인 것은 이 때문이다.

그러나 귀신이 만일 자기 삶의 장르를 정할 수 있다면 비극을 택할 것이 분명하다. 그들은 죽은 뒤에야 목소리를 부여받은 자, 말하지 못해 억울한 피해자다. 그들은 산 자를 위협하러 온 사신死神이 아니라 자신의 죽음을 믿을 수 없어 현실로 찾아온 상담 신청자다. 귀신 이야기가 타자의 관점에서는 공포물이지만, 당사자의 관점에서는 비극이 되는 것은 이 때문이다.

15세기 지식인 김시습이 지은 『금오신화』에는 귀신의 슬픔에 공감하는 서생들이 등장한다. 고아에 친구도 없는 외톨이, 가난한 독신남인 그들이 유일하게 마음을 터놓는 대상이 처녀귀신이라는 것부터 심상치않다.

김시습은 『금오신화』를 지어 석실에 감춰두었다. 책의 안 에는 이 글이 오백 년 후에나 이해받을 거라고, 다소 자괴적이지만 어쩐지 자긍심이 묻어 나는 문구가 적혀 있다. 지금까지 발견된 『금오신화』는 갑世권뿐인데, 그 안에 다섯 편의 단편소설이 들어 있다. 모두 환상물이다. 환상은 소외된 자들이 숨쉴 수 있는 자유로운 상상을 허용한다. 동시에 환상이란, 현실에는 없는 뿌리 뽑힌 공간이기에 한없이 불안하고 모호한 영역이다. 『금오신화』 속 주인공들이 오직 환상계와 소통했다는 것은, 역으로 현실에서는 누구에게도 이해받지 못했음을 뜻한다.

『금오신화』의 귀신들은 소외된 주인공의 거울상으로 등장한다. 이들은 모두 뛰어난 지적 능력과 감수성을 지녔다. 자기 세계가 있지만 사회와 소통하는 법을 알지 못하고, 소통 가능성 자체도 믿지 않는다. 「남염부주지」의 박생은 '이 세상을 지배하는 유일한 진리는 무엇인가'에 대해 친구와 밤새도록 토론할 정도로 진지하다. 겉으로는 친구의 말을 경청하는 포즈를 취하지만, 속으로는 역시 내 생각이 옳다며 마음의 문을 닫는다. 그는 골방에서 혼자 지내는 히키코모리에, 과거시험에 낙방하면 실망 대신 분노를 드러내는 자기중심적 인물이다. 그가 환상 세계에 탐닉하는 이유는 분명하다. 꿈에서만큼은 최고가 될 수 있기 때문이다. 꿈속에서 그는 용왕의 초대를 받고 존경받는 문장가로 대접받으며 염라국의 계승자가 된다. 꿈에서 깬 순간 더이상 살고 싶지 않다는 마음이 드는 것은 이 때문이다.

「만복사저포기」의 주인공 양생은 혼자 놀기에 익숙한 청년 백수다. 혼자서 하는 달빛 산책을 즐기며, 함께 놀 친구를 찾는 대신 부처에게 내기를 청하는 외톨이다. 그가 사랑한 유일한 존재는 슬픈 사연을 간직한 처녀귀신이다. 「취유부벽정기」의 주인공 홍생은 수백 년 전에 죽은 왕녀와 밀회를 나눈다. 생애 최고의 만남이지만 아무에게도 말할 수 없는 비밀을 간직한 채, 그는 혼자만의 내면에 유폐된다.

귀신과 사귄 주인공들은 그후로 일상에 복귀하지 못한다. 이유는 명백하다. '환상'은 현실이 누락시킨 이상 공간, 잃어버린 꿈의 세계, 상처받은 자존감을 회복시켜주는 상상의 공간이기 때문이다. 현실로 돌아오는 순간, 그들은 전쟁으로 폐허가 된 고향, 가족의 몰사, 육신肉身이 찢긴 채 썩어가는 시신, 홀로 남은 적막감, 남루하고 황폐한 일상을 확인해야만 한다. 고통을 이겨내고 살아야겠다는 의지를 가질 수 없었던 건 세상이 준 상처가 너무도 컸기 때문일 것이다. 더구나 그들의 곁엔 고통을 함께 나눌 사람이 아무도 없었다.

죽음보다 고통스런 삶을 견디기 위해 주인공이 택한 것은 귀신과의 사랑이다. 그러나 주인공이 만난 귀신은 타자가 아니라 자신이 부른 거울 속의 분신, 영원히 화합할 수 없는 '환영'이다. 그의 동반자, 귀신은 산 자들의 눈에는 보이지 않는 텅 빈 공허의 대상이며 주인공의 고독에 상응하는 폭력을 경험한 존재다. 그들은 오직 환상 속에서 소통하고 현실로부터 고립된다.

『금오신화』의 처녀귀신은 남자 주인공의 도플갱어Doppelganger다. 도플갱어는 주인공의 또다른 분신으로, 상대를 본 순간 자신이 죽는 비극적 운명을 지녔다. 『금오신화』의 주인공들이 여자 귀신의 정체를 애써 모른 척하거나, 그 정체의 확인을 미루는 것은 이 때문이다. 상대가 귀신임을 인정하는 순간, 그 자신이 죽는 것이다. 귀신이 정체를 밝힌 뒤 주인공이 죽거나 행방불명되는 것은 도플갱어의 피할 수 없는 운명을 보여준다.

도플갱어는 독일의 전설 속 주인공이지만, 지독한 자기애와 고독에 사무친 15세기 『금오신화』의 주인공들과 소통한다. 만져보면 차가운 거울상의 존재, 그래서 도저히 자기 표상을 만날 수 없는 『금오신화』의 상상력은 환상문학의 국경을 뛰어넘는다.

한국 귀신의 패션—'소복'의 미니멀리즘

처녀귀신은 한국의 귀신을 대표한다. 하얀 소복에 긴 머리, 피 묻은 입가, 턱을 내린 얼굴, 레이저를 쏘는 듯 눈에 힘을 준 처녀귀신의 모습은 귀신의 '전형'이라기보다 오히려 '유일한' 형상이라 해도 좋다. 어디선가 한국 귀신 코스프레가 펼쳐진다 해도 참가자들이 상상력을 발휘할 부분은 거의 없어 보인다. 처녀귀신에게는 머리를 단정히 땋거나, 틀어 올려 비녀를 꽂고 화려하게 장식한 가체를 올리는 것이 허용되지 않으며, 흰 옷을 화려한 염료로 물들이거나 이에 금박을 찍고 수를 놓아서도 안 된다. 무언가 장식을 하거나 덧칠을 하는 순간, 처녀귀신의 정체성은 상실된다. 처녀귀신의 패션 코드는 단연 미니멀리즘 minimalism, 단순함과 간결함을 추구하는 예술양식이다. 단조로운 만큼 그 효과 또한 강렬하다.

영화 〈전설의 고향〉의 한 장면, 2007

해마다 여름이면 개봉하는 공포영화에도 한국 귀신이 빠지면 섭섭하다. 텔레비전에서 기어 나왔던 일본 영화 〈링〉의 귀신, 뭉크의 〈절규〉에서 형상화 모티프를 얻었다는 〈스크림〉 등은 예외적이고 기발한 등장 방식과 기괴한 외모로 공포에 경이를 더하는 즐거움을 준 것이 사실이다. 그러나 속편이나 리메이크 제작 횟수를 비교한다면 소복 입은 처녀귀신에 비할

바가 못 된다.

〈월하의 공동묘지〉1967 이래로 면면히 이어온 한국 공포영화의 계보에서 소복 입은 귀신은 단연 그 중심을 차지한다. 여름 특집으로 편성되는 〈전설의 고향〉은 전통적 스토리와 현대적 감각을 크로스오버하고 트렌디 드라마의 형식을 차용하면서도 귀신의 의상만큼은 전통을 고수하고 있다. 전국 각지에 있는 놀이동산의 '귀신의 집'은 국적과 인종을 불문해 세계 여러 귀신의 동거를 허용하는 글로벌리즘을 성취했지만, 그 공포의 중심에는 처녀귀신이 자리한다. 그런 의미에서 소복이라는 처녀귀신의 복식은 하나의 불문율이자 일종의 성역이라 하겠다.

〈월하의 공동묘지〉 포스터, 1967

소복 입은 처녀귀신이 내뿜는 공포는 어디에서 비롯되는가? 낯익은 그 형상은 단순하기에 오히려 거듭 공포를 생산할 만한 강렬한 설득의 힘을 지녔다. 새하얀 처녀귀신의 복색은 한밤중에 타살된 흔적, 가족이 연루된 자살이라는 어둠의 정서와 대비된다. 소복은 여자가 잠잘 때 입는 속옷 차림, 무방비의 복색을 환기한다. 한편으로 처녀귀신의 소복은 입관과 매장의 장례 문화를 유지하고 있는 한국 수의의 전형을 대변하는 것처럼 보인다. 화장이 아닌 매장 형식으로 신체를 보존하는 장례 문화를 택하는 한, 흰 옷은 사자의 전매특허이기 때문이다. 하지만 사실 조선시대 장례 문화에는 삼베로 만든 수의 대신 화려한 채색 의상으로 수의를 삼는 것이 일반적이었다. 흰색 수의가 일상화된 것은 근대 초기인 1910년대부터라고 한다.[4]

실제로 억울하게 타살되어 시신이 버려졌다면 죽은 여자는 평상복 차림일 것이다. 고전소설 「김인향전」에서도 누명을 쓴 인향의 자살은 길에서 이루어졌다. 딸이 정절을 잃었다고 오해한 아버지는 아들에게 여동생을 죽이라고 명했다. 인향은 길을 가던 중 못에 빠져 자결했다. 따라서 귀신이 된 인향은 평상복 차림이어야 마땅하다. 그런데 주목할 것은 처녀귀신 이야기에서는 귀신의 복색에 초점을 두지 않았다는 점이다. 귀신이 무엇을 입고 있느냐가 아니라 어떤 사연을 지녔는가에 관심을 갖는다. 귀신의 핵심은 외모가 아니라 숨겨진 한, 억울함 자체였다.

이렇게 볼 때 처녀귀신의 하얀 소복은 곧 죽음의 얼굴, 억울함과 분노를 부각하기 위한 탈색된 배경 정도로 보는 것이 적절하다. 장식과 채색을 배제한 간결한 배경으로는 소복의 흰색이 제격일 듯싶다. 더군다나 귀신담이 주목한 것은 귀신의 목소리이지 의상이 아닌 것이다.

그런 의미에서 처녀귀신의 소복 차림은 죽음의 유니폼이라 할 수 있다. 길게 흐트러진 헤어스타일은 돌보지 않은 상처와 소외를 상징하며, 처녀라는 신분은 응분의 보호를 받지 못한 자에 대한 죄책감, 지켜야 할 성스러움에 대한 배반의 감정을 환기시킨다. 다시 말해 소복은 차마 보호하지 못한 처녀의 신체와 내면, 어둠과 의혹을 부각하는 일종의 문화 기

영화 〈굿바이〉의 입관 장면

호다.

그런 이유로 처녀귀신이란 온전히 귀신 개인의 정체성에 대한 형상화로 규정되지 않는다. 오히려 그것은 그가 소속되었으나 그를 지켜주지 못한 사회의 부조리를 환기하는 장치가 된다. 소복 입은 긴 머리의 처녀귀신은 그렇게 매번 같은 모습으로 나타나 각 시대의 모순과 억울함, 희생의 문제를 제기했다. 그리하여 처녀귀신은 시대의 변화에 발맞춰 마르지 않는 샘처럼 끊임없이 새로운 이야기를 통해 부활하는 것이다.

「최치원」, 귀신과 나눈 슬픈 사랑 이야기

『수이전』은 삼국시대에 향유된 것으로 추정되는 이야기책이다. 저자를 확증할 수는 없지만, 대체로 고려시대 문헌으로 전한다. 이 책에도 처녀귀신 이야기가 실렸다.

최치원은 신라 사람이다. 어느 날 남쪽으로 놀러 갔다가 두 개의 무덤이 나란히 놓인 쌍녀분을 보게 된다. 그는 여인들을 위로하는 연애시를 적는다. 여관에 돌아온 날 밤, 어여쁜 여자가 찾아와 아가씨들의 답장을 전한다. 애틋한 연애시를 적은 편지 뒷면에는 노골적인 데이트 신청이 추신처럼 적혀 있다. 최치원은 편지를 전해준 시녀에게 은근히 수작을 건다. 시녀는 화들짝 놀라 답장을 재촉하고 나는 듯이 사라진다.

잠시 후 두 여인이 찾아온다. 최치원은 진짜로 찾아오다니, 남자와 사귀는 데 익숙한 것 같다고 슬쩍 여인들을 떠본다. 여인들은 금세 토라져 이런 일은 처음이라고 고백한다. 최치원은 자기도 모르게 미소 짓는다. 여인들은 귀신이 된 사연을 털어놓는다.

이들은 부유한 상인의 딸이었다. 언니가 18세, 동생이 16세 되던 해, 아버지는 소금과 차를 파는 상인에게 이들을 시집보내려고 했다. 딸들은 차라리 죽겠다며 저항했지만 소용없었다. 결국 자매는 요절하고 만다.

최치원은 자매의 슬픈 사연에 감동하는 한편, 자신이 과연 이들의 첫사랑일지 의심한다. 여인들은 당신처럼 빼어난 영웅은 없었다며, 정말로 그가 첫사랑이라고 말한다. 비로소 마음이 놓인 최치원은 여인들과 아름다운 시를 주고받는다. 이들의 즉흥시는 곧장 노랫말이 되고 악기로 연주되어 풍류를 더한다. 서로에 대한 열정과 호기심, 설렘과 질투, 혼자만 독차지하고 싶은 욕망과 영원을 바라는 마음이 오가는 가운데 서서히 날이 밝는다.

최치원은 이별을 예감한다. 마음을 열고 대화한 처음이자 마지막 사람과 이별할 시간이 된 것이다. 이별시를 건네던 최치원은 자기도 모르게 눈물을 흘린다.

다음 날 최치원은 쌍녀분을 찾아가 영원한 사랑을 기억하려는 듯 시를 쓴다. 그후 당나라에 유학해 빈공과에 급제, 외국인을 상대로 한 과거 시험에 급제하지만 신라로 돌아오자 뜻을 펼칠 기회를 얻지 못한다. 그는 산천을 두루 다니며 은자로 평생을 지낸다. 남산의 청량사, 합포의 월영대, 지리산 쌍계사, 가야산 해인사 등 곳곳에는 아직도 그가 심은 모란이 남아 있다고 한다.

이를테면 최치원은 신라시대의 조기유학생으로, 당나라의 빈공과에 합격한 수재였지만 육두품 출신이라는 신분적 한계로 뜻을 펴지 못했다. 높은 지식을 지닌데다 열정이 넘치고 성실했지만 불우한 지식인으로 살아가야 했다. 자신만의 꿈과 소망을 품고 있었지만 타인에게 이해받지 못했으며, 세상에서 소외되었다. 그는 세상에 대한 배신감을 지우지 못했다. 최치원을 둘러싼 쌍녀분 이야기의 핵심은 세상에서 버림받고 소외된 이들이 운명처럼 서로를 알아본다는 데 있다. 유일하게 마음이 통한 존재가 귀신이라는 것이 최치원의 일생을 대변해준다. 하지만 좌절당한 꿈은 스스로를 접지 못했다. 귀신과의 사랑 이야기는 죽은 혼령이라도 불러서 이루어야 할 소망의 간절함을 보여준다.

최치원은 귀신이 되는 대신 은거를 택했다. 살아 있지만 보이지 않는 존재, 은둔자가 된 것이다. 개인의 의지와 소망을 가부장의 명령, 신분제도라는 명목으로 좌절시키는 이 세상은 어쩌면 은둔자와 귀신의 양성소인지 모른다고, 「최치원」은 말하고 있다. 은거하던 장소에 그가 심은 모란은 좌절된 꿈을 기억해달라는 아름다운 소청처럼 보인다. 그 꽃이 아직도 남아 있다는 문장은 마치 이 세상의 모순이 아직 끝나지 않았다는 슬픈 독백인 듯하다. 이 이야기가 귀신담이지만 공포담이 아니라 비애담인 것은 이러한 이유에서다.

2

죽어서도 존경받는
남자 귀신,
현실을 통제하는
파수꾼

세상을 떠난 가장은 절대적인 존경의 대상으로 신격화되었다. 그는 길흉을 예언해주고 집안의 크고작은 문제를 해결해주며, 자녀 교육까지 맡았다. 이는 남자 귀신이 조상신으로 현실 세계에 자신의 존재감을 각인하는 구체적인 방식을 보여준다. 이야기 속의 남자 귀신은 가장으로서의 의무에 충실했을뿐더러, 살아서 누렸던 권위와 혜택을 이어가고자 했다. 사후 세계에서까지 가부장제를 완벽하게 재현한 것이다.

18, 19세기 야담집에 등장하는 남자 귀신 이야기는 대부분 천수를 다하고 죽은 조상신을 다룬다. 이들에게서는 '한恨'의 그림자를 찾아볼 수 없다. 남자 귀신은 설령 그가 살해되어 귀신이 되었을지라도 법망을 벗어나지 않는다. 말하자면 그는 합법적 절차를 거쳐 귀신이 된다. 한을 품은 남자 귀신은 조선 후기 야담의 상상력을 벗어난다. 그는 존경받는 조상신이 되어 죽은 뒤에도 자손을 돌보는 거룩한 업무를 수행한다.

그런 이유로 남자 귀신에게서는 불행의 그림자를 찾아볼 수 없다. 사대부 남성 스스로 불행한 최후를 상상하기조차 싫어했기 때문일까. 이야기가 거부한 것은 곧 현실화 맥락에 대한 거부이기도 하다. 판타지라는 상상의 공간에서조차 사대부의 몰락을 허용하지 않았던 것이다. 대신 이야기의 세계는 남자 귀신에게 조상신의 지위를 부여하는 형식으로 사후 세계에서의 권위를 부여해놓았다. 이러한 남자 귀신의 힘이야말로 이들을 '남귀'가 아닌 '남신'으로 호명할 수 있는 이유가 된다. 이러한 해석은 '신神'을 '양陽'으로, '귀鬼'를 '음陰'으로 해석한 성리학자의 견해와도 정확히 일치한다. '남신男神'이고 '여귀女鬼'인 것이다.

야담집에 등장하는 남자 귀신은 현실적 삶의 연장선상에 존재한다. 그들은 이야기 속에서 현실에서의 모습이나 지위를 그대로 유지한 채 등장한다. 죽은 뒤에도 현실에 나타나 살아생전의 사회적 역할과 지배력을 행사한다.

통제와 지배의 조상신

언 몸을 데우러 벗을 찾은 귀신

문광공 함허정 홍귀달洪貴達, 1438~1504, 자는 겸선은 연산군 때 황해도 단천의 용천역에서 사약을 받고 죽었다. 그 뒤 재상 송질宋軼, 1454~1520, 자는 가중이 용천역에 묵게 되었다. 밤이 되자 갑자기 멀리서 한기가 느껴지더니 점점 가까이 다가왔다.

"가중, 주무시오?"

송질은 자신의 '자'를 부르는 이가 홍귀달임을 알아챘다.

"겸선이신가요?"

송질은 홍귀달의 자를 부르며 물었다.

"그렇소."

대답이 끝나자마자 홍귀달이 창을 열고 들어왔다.

"추운 날 죽어서 몸이 얼었다네. 술 좀 데워주게."

송질이 데운 술을 주자 마시는 소리가 들렸는데 양은 줄지 않았다.

"한기가 좀 풀리는 것 같네. 고맙소. 술로 몸 좀 녹이려고 객관에 관리들을 찾아갔었지. 하지만 나를 보자마자 놀라서 죽었다네. 고의는 아니었소. 당신은 복록이 오래도록 두터울 게요. 자손들도 번창할 테니 염려 마시오."

—『기문총화』

위 이야기에서 송질은 귀신이 되어 찾아온 홍귀달을 두려워하지 않았다. 실제로 송질은 홍귀달이 문형文衡, 조선시대 예문관과 홍문관의 최고 책임자으로 제수될 때 이에 동의했던 인물 중 하나다. 귀신이 된 홍귀달은 생전에 자신을 인정했던 지인을 찾아간 셈이다. 송질은 귀신에게 따끈한 술을 대접한 대가로 복록을 점지받는다. 그들의 대화를 통해, 귀신이 되어 나타난 홍귀달 때문에 놀라 죽은 사람들이 적지 않았음을 알 수 있다. 홍귀달은 고의는 아니었다며 미안한 마음을 비치지만, 이는 심각한 죄의식과는 거리가 멀어 보인다. 이러한 태도는 스스로가 분노나 원한, 억울함 등이 맺힌 마음을 품지 않았기 때문이기도 하다.

이야기에서는 그가 사약을 받았다고 했지만 실록에는 교살되었다고 적혀 있다. 연산군이 그의 손녀를 궁중에 들이라고 명하자, 홍귀달의 아들 홍언국洪彦國은 딸에게 병이 있다며 거절했고, 홍귀달은 그런 아들의 견해를 거들었던 것이다. 홍귀달은 손녀와 함께 살았으므로 아들을 대신해 대죄待罪하겠다고 고했다. 그러자 조정에서는 홍언국을 국문하여 그 딸이 정말로 병이 있는지 진위를 가리라고 명했다. 또 아비와 자식 간에 서로를 비호하는 일은 불가하니 홍귀달도 함께 국문하라고 전교傳敎, 임금이 명령을 내림하고 신하들의 의견을 청해 들었다. 결과적으로 사헌부는 홍귀달이 아들을 비호했으니 법대로 다스려야 한다고 판결했다. 부자간에 서로 거드는 일은 전쟁 때나 허용된다는 것이었다. 그 결과 그는 장형杖刑을 받고 경원으로 유배 가다가 단천에서 교살되었다. 이즈음 세 아들도 모두 유배 중이었다. 1504년의 일이다.

실제로 그는 억울했을 것이다. 그의 죽음에 정치적으로 대립했던 이들이 관여했음을 짐작할 수 있다. 조회에 함께 섰던 관리들은 그의 동료이자 적이었을 것이다. 귀신이 된 그가 술을 얻으려 동료를 찾은 것이지만, 상대방은 그에게 해를 끼쳤다는 죄책감에 피해자인 그를 보고 지레 놀라 숨을 거두었는지도 모른다. 그런 괴담이 얼마간 횡행하며 파란 많은 정사에 파문을 보탰을지도 모른다. 그렇게 보면 귀신이 된 홍귀달을 보고 놀라 죽은 상대를 밝히지 않은 이유를 이해할 수 있다. 연산군 대의 일이긴 하나 국가의 명을 받고 죽은 자가 억울함을 하소연했고, 그의 죽음에 동료들의 개입이 있었던 거라면 문제는 단순하지 않다. 『조선왕조실록』에서는 홍귀달이 문형으로 제수된 일을 기록하면서 그를 이렇게 논평했다.

"노공盧公은 문장이 부족했으나 직위가 높아 문형에 제수했는데, 사람들이 모두 만족하지 않았다. 이때 그를 체임시키고 홍귀달을 제수했다. 그

는 젊어서부터 저술에 마음을 두어 시문이 뛰어났으므로 사람들이 모두 잘

되었다고 했다. 그러나 탐욕스럽고 청렴하지 못하였으니, 재주는 넉넉하나

덕이 부족한 자다"라고 했다.

—성종 23년 임자壬子, 1492, 3월 19일 기축己丑, 「문형을 담당하는 대제학

에 적합한 인물을 의논케 하고 홍귀달에게 제수하다」

사관은 홍귀달이 시문에 뛰어났음은 인정했지만, 탐욕스럽고 청렴하지

못하며 덕이 부족했다고 평했다. 끊일 새 없는 세론世論 속에서 그의 성격에

대한 평가가 불리하게 작용했을 것이다. 실제로 홍귀달이 문형에 오를 때

동의했던 송질은 홍귀달이 왕명을 어기는 글을 올려 파란을 일으켰을 때,

그를 처벌하자는 입장이었다. 그런데도 자신을 찾아온 홍귀달을 담대하게

대했으니 그의 용력과 기백을 알 수 있다.

이 이야기의 초점은 홍귀달과 송질의 기싸움에 있지 않다. 홍귀달은 국

법을 따른 송질에게 원한을 품은 것이 아니었다. 그는 피눈물을 흘리며 등

장하는 여자 귀신과는 달랐다. 우선 그 등장의 동기 자체부터가 여자 귀신

과 차별화된다. 그는 자신의 억울함을 신원하기 위해서가 아니라 언 몸을

녹이려는 소박한 소망 때문에 나타났다. 귀신의 몸에도 감각이 존재하고,

의식과 욕망이 살아 있다고 상상한 것이다. 다행히 홍귀달은 그의 목소리를

알고 있던 송질을 찾아가 원하는 바를 얻을 수 있었다. 그 대가로 귀신은 미

래를 예언해주었다. 사약을 받고 죽은 동료의 혼령과 태연히 대화할 수 있

었으니, 송질은 당당했거나 특출한 기백의 소유자였음을 짐작할 수 있다. 이야기는 그런 사람이라면 어떤 경우에도 세상의 복록을 누릴 자격이 있다는 판단을 보여준다.

송질에게 나타난 홍귀달의 음성에는 한이나 억울함의 흔적이 묻어 있지 않다. 설혹 그가 정치적 보복으로 억울하게 죽었더라도 그에 대한 원한의 칼날을 드러내지는 않았다. 그러나 그가 귀신의 몸으로 나타났을 때 지레 놀라 죽었다는 사람들에게서 죄의식에 대한 자기 처벌로서의 돌연사를 상상해볼 수는 있다. 그러나 그것은 홍귀달의 의사와는 무관한 결과였다. 그는 단지 언 몸을 데울 술 한 잔을 구했을 뿐이다(물론 '언 몸' 자체의 상징성을 간과할 수 없을지 모른다). 남자 귀신이 현실 세계에 원했던 것은 한의 고백이 아니라 일상적 대화였다. 남자 귀신은 죽은 뒤에도 산 자와의 관계를 지속하며 그럭저럭 저승에 적응해나갔던 것이다.

그뿐만이 아니다. 남자 귀신은 죽어서도 가장으로서, 남편으로서, 아버지로서, 주인으로서의 역할을 끊임없이 행사하며 현실을 간섭하고 지배했다.

부인을 강간하고 재물을 준 귀신

원주에 사는 인삼장수 최가는 대단한 거부였다. 마을 사람들은 최가의 어머니가 스무 살에 아들을 낳고 과부가 되어 수절하며 살았다고 했다. 어느 날 건장한 사내 귀신이 찾아와 가장이라 자처하며 겁탈하려 했다. 최가의 어머니는 어찌할 바를 몰라 그가 하는 대로 두었다. 몹시 고통스러웠다. 그후로 귀신은 밤마다 왔는데 은전과 베, 비단이 날마다 창고에 가득히 쌓였다.

어느 날 여자는 귀신에게 세상에서 제일 두려운 게 뭐냐고 물었다. 귀신은 노란색이라고 했다. 여자는 집안을 온통 노랗게 칠하고서 귀신을 쫓았다.

—『기문총화』

이야기 속의 귀신은 가장을 자처하며 성관계를 요구했다. 여자의 동의와는 무관한 강간이다. 여자는 힘으로 당해낼 수가 없어 이에 응할 수밖에 없었다. 귀신도 부인이라면 남편의 성적 요구에 언제든 응해야 한다고 생각했음을 알 수 있다. 이런 '귀신의 상식'이 곧 당대의 관습이자 상식을 반영한 것임은 말할 것도 없다.

한편, 이 이야기는 인삼장수 최가가 부자가 된 내력담이다. 그런 관점에서 보면, 이 이야기는 청상과부가 점점 부자가 되자 이를 기이하게 여긴 사람들이 만들어낸 소문의 뿌리를 보여주는 것이기도 하다. 과부가 부자가 되었으니 사내와 성관계를 맺은 대가로 재물을 얻은 게 분명하다고 추측했던 것이다. 그러나 여자는 언제부턴가 사내를 매몰차게 거절했을 것이다. 여자가 남자의 약점을 캐서 관계를 정리했다는 소문이 돌았을 것이다. 과부가 부자가 된 내력에는 '귀신'이라는 정체불명의 모호한 대상이 개입되어 있다. 어떻게 부자가 되었는지 그 내막을 알 수 없기에 사람들은 여자의 부정한 행실을 상상했을 테고, 상대가 누군지 알 수 없기에 그를 '귀신'으로 호명했을 것이다. 그런 이유로 과부가 부자가 된 내력은 영원히 미스터리로 남는다.

이 이야기에서는 과부의 성관계를 합리화하기 위해 '귀신 가장'을 설정했다. 과부의 성관계는 금기이지만, 상대가 남편이라면 문제 될 게 없다는 발상이다. 그러나 과부에게는 죽은 남편이 나타났다는 것 자체가 어불성설이다. 그를 자신의 남편이 아닌 낯선 귀신으로 볼 수밖에 없는 것이 당연했다.

이야기의 핵심은 과부의 치부담致富譚이지만, 이 이야기에는 언제든 아내를 성적으로 지배할 수 있다고 생각한 가장의 자의식이 드러나 있다. 남성이 죽어서도 줄지 않은 자신의 성욕을 산 자를 통해 해소한다는 설정은 가부장제가 지배하던 시대의 단면을 보여준다.

하지만 가부장이 반드시 아내를 성적으로 지배하고 가족을 통제하는 부정적 면만을 지닌 것은 아니었다.

신주로 모셔지는 조상신

감사 윤안국은 명나라에 가다가 익사해서 고국으로 돌아오지 못했다. 식구들은 어느 날 관복을 차려입은 아버지가 사람들을 거느리고 대문으로 들어오는 것을 보았다. 가족들이 반기는 사이에 윤안국은 말에서 내려 사당으로 들어갔다.

한참 동안 기척이 없자 식구들은 안에 들어가보았다. 사람의 모습은 보이지 않고 명나라로 가다가 배가 뒤집혀서 익사했는데 지금은 이렇게 시렁 위에 있다고 말하는 윤안국의 목소리만 들렸다. 그 이후로도 그는 가끔씩 머지않아 닥칠 일의 길흉이나 노복들이 간사한 일을 벌이는 것을 알려주었다. 모두가 들어맞았다. 어떤 때에는 아이들에게 소리내어 글을 가르쳐주기도 했는데 평소와 똑같았다.

—『기문총화』

외지에서 비명횡사한 윤안국은 귀신이 되어 사당의 시렁 위에 자리 잡았다. 식구들은 아버지가 사당에 들어가는 것을 오랜 외유外遊를 마치고 조상님께 인사를 드리려는 줄로만 여겼다. 그러나 윤안국은 자신이 익사한 사정을 전하며 지금은 시렁 위에 있다고 말했다. 시렁 위에 있다는 것은 '신주神主'가 되었다는 뜻으로 위패로 조상의 형상을 대신하던 풍습이 반영되었음을 의미한다.

이런 발상은 유교의 제사 문화에서 비롯된 상상력과 신념의 소산이다. 제사 때 모시는 '신주'는 단순한 상징체계가 아니라 사후 세계의 실체성을 보장하는 유력한 증거다. 이야기 속의 윤안국이 사후에 신주가 되는 과정은 조상신이 허구가 아니라 실재하는 문화적 힘이라는 것을 보여준다. 세상을 떠난 가장은 절대적인 존경의 대상으로 신격화되었다. 그는 길흉을 예언해주고 집안의 크고작은 문제를 해결해주며, 자녀 교육까지 맡았다. 이는 남자 귀신이 조상신으로 현실 세계에 자신의 존재감을 각인하는 구체적인 방식을 보여준다.

이야기 속의 남자 귀신은 가장으로서의 의무에 충실했을뿐더러, 살아서 누렸던 권위와 혜택을 이어가고자 했다. 사후 세계에서까지 가부장제를 완벽하게 재현했다. 이러한 상상력의 배후에는 야담 향유층의 중심이 사대부 남성이라는 문화적 조건이 자리해 있다. 이 이야기는 죽은 뒤까지 신분제와 관료체제, 가부장제를 유지하려 했던 남성 판타지를 보여준다. 상상 세계는 완전한 허구가 아니라 현실의 모방으로 그려졌다. 이러한 문화 논리는 현실의 지배 논리를 있음직하고 타당한 세계로 여기게끔 설득하는 역할을 했다.

책임과 보호의 가부장

가족을 챙기는 귀신 가장

아무개가 멀리 놀러갔다가 저물녘에 청파서울 남대문 밖의 역에 이르렀는데 홀연 친구인 하응림을 만났다. 하응림은 그에게 집안일을 당부하고 갔다. 그 집에 찾아가니, 하응림은 이미 죽어 장례를 치렀다고 했다.

—『기문총화』

참찬參贊 벼슬을 하던 박소립이 죽은 뒤의 일이다. 그의 친구가 서울에 가다가 저물녘, 텅 빈 거리에서 벽제辟除, 지위가 높은 사람이 행차할 때 군졸이나 하인들이 앞장서서 사람들의 통행을 금지하던 일 소리를 들었다. 그때 박소립이 다가와 한참 동안 정담을 나누었다. 그는 커다란 진주 세 개를 주며 자식들에게 전해달라고 부탁했다. 친구는 박소립의 집 대문에 이르러서야 비로소 그가 죽었다는 사실이 생각났다. 머리카락이 쭈뼛하고 몸이 떨렸다. 상제에게 진주를 전하자 그가 울면서 말했다.

"아버지를 염할 때 입에 넣어드렸던 겁니다. 누이의 혼사를 의논하던 중이었는데, 아버지의 혼령이 아셨나봅니다."

집안사람들이 모두 통곡했다. 이 이야기를 들은 사람들도 놀라고 기이하게 여겼다.

—『기문총화』

어떤 재상이 공무 수행 차 중국에 가게 되었는데 출발 전날 모친상을 당했다. 그래서 이병상이 그를 대신해 떠나게 되었다. 이병상이 객사에 머물며 잠을 청하려는데, 홀연 신발 끄는 소리가 들렸다. 누군가 방문을 열더니 어째서 어머니를 간호하지 않고 여기 왔냐고 물었다. 문득 이병상은 그가 모친상을 당한 재상의 아버지일 거라는 생각이 들었다. 그가 여기서 수령을 하다가 죽었다고 들은 기억이 났기 때문이다. 이병상은 자신은 아무개가 아니며, 그의 어머니는 이미 돌아가셨다고 했다. 그러자 귀신은 깜짝 놀라 밖

으로 나갔다. 그는 전 정주 목사의 혼령이었는데 객사에 머물고 있는 이가
자기 아들인 줄 알고 나타났던 것이다.

—『기문총화』

죽은 자가 귀신이 되어 나타난 이유는 가족을 염려하고 걱정하는 마음에
서다. 귀신은 죽은 뒤에도 가족을 돌보고 책임지는 가장의 의무에 충실했
다. 이미 세상을 떠난 하응림과 박소립은 집안일을 당부하기 위해 벗을 찾
았고, 재상의 아버지는 아내가 병들었다는 소식을 알리려고 귀신이 되어
아들을 찾아왔다. 이들은 죽은 뒤에도 집안의 대소사를 직접 관장하며 도
우려 했다. 가족을 보호하고, 자식을 교육하며 아내를 돌보는 가장으로서
의 의무에 충실한 것이다. 시집갈 딸에게 패물을 마련해주기 위해 입에 문
것까지 토해주는 박소립의 부정父情을 헤아리고 식구들은 일제히 통곡했다.
집안의 대소사를 챙겨야 했던 가장으로서의 책임감과 죽어서도 끊어지지
않는 부정이 느껴지는 대목이다.

세번째 이야기 속 재상의 아버지는 행여나 아들이 병든 모친을 구완하지
않고 공무에만 전념할까 염려하여 나타났다. 귀신이 출현한 곳은 그가 죽
은 장소였다. 이는 임종한 장소를 귀신의 처소로 상상했음을 보여준다. 사
람이 죽은 최후의 지점이 곧 귀신이 머무는 곳이며, 죽을 당시의 신분과 지
위, 정체성은 귀신이 된 후에도 그대로 유지된다는 것은 유교적 상상력의
소산이다. 특히 가장은 죽은 뒤에 신주로 모셔지며 제사를 받고 자손에게

복록을 점지하는 조상신이 된다. 죽은 뒤에도 가장으로서의 고단한 의무와
책임이 계속되었다.

저승에서도 관리의 명을 잇다

　임광이 소현세자를 따라 중국 연경에 갔다가 병으로 죽었다. 아들 임윤석
은 개령 현감이 되었는데 어느 날 동헌에 앉아 있는 아버지를 보았다. 온 집
안이 놀라고 당황했다. 아버지가 말했다.
　"명부冥府의 안찰사로 가던 참이다. 부자간의 정을 생사가 어찌 갈라놓겠
느냐. 네가 보고 싶어 왔느니라."
　이어 노복들에게 집안일을 진심으로 하고 태만하지 말라고 경계했다.
　저녁밥을 드리자 잠시 후 상을 물리며 말했다.
　"귀신은 기를 먹어서 산 사람이 배부른 것과는 다르다."
　정담을 나누다가 몇 걸음을 옮기더니 문득 사라졌다고 한다.

―『기문총화』

　신경연이 평안도 평사評事, 조선시대 정6품 외직 무관 벼슬로 일하다 세상을

죽어서도 존경받는 남자 귀신,
현실을 통제하는 파수꾼

53

떠났다. 얼마 후 그의 친구가 평안도 안주로 가다가 관리의 행차를 보았는데 곧 신경연이었다. 깜짝 놀라 뒤돌아보자 신경연이 말했다.

"명부의 관리가 되어 일하러 가던 중일세. 마침 부탁이 있으니 들어주게나. 죽기 전에 옥관자玉貫子, 옥으로 만든 관자. 관자는 망건에 다는 작은 단추 모양의 고리 한 쌍을 보검 한 자루와 한데 싸서 들보 위에 두었다네. 진품이라 값이 꽤 나갈 테니 식구들 살림에 보태게 해주게. 가난을 좀 덜 수 있을 게야."

신경연은 사례하고 수십 걸음을 가더니 다시는 보이지 않았다. 친구가 이상하게 여기며 그 집에 찾아가니 과연 대들보 위에서 옥관자와 칼이 나왔다.

—『기문총화』

귀신이 현실에 나타나는 데에는 반드시 이유가 있다. 위에서 임광과 신경연은 집안일이 걱정되고 자식이 보고 싶어 모습을 드러냈다. 친구에게 집안일을 당부하는가 하면 가난으로 고생하는 식구들을 위해 재산가치가 있는 소장품을 알려주기도 했다. 아들을 찾아가 정을 표하고 노복들에게는 집안일을 성심으로 받들라고 위엄 있게 명했다. 못 미더운 집안일과 자식 걱정이 이승으로 발길을 돌리게 한 것이다.

그런데 재미있는 점은 이야기 속에서 임광과 신경연이 죽어 명부의 관리가 되었다고 말한 것이다. 이야기의 향유층은 저승에도 이승과 같은 행정체계가 있다고 상상했다. 살아서 관직에 있었던 사람은 죽어서도 관리가 되어 바쁘게 살아간다. 죽어서도 관직을 할 수 있다는 사실에 마음을 놓을 수 있었다는 점에서 사대부들의 스트레스를 느낄 수 있는 동시에 영원히 타인을 지배하며 살아갈 수 있으리라고 상상한 자부심을 엿볼 수 있다.

현실의 심판자, 모순을 해결하다

현종 임자년1672 무렵, 승정원에서 퇴임한 아전 김씨는 수찬修撰, 홍문관의 정6품 벼슬으로 있던 아무개와 매우 친했다. 수찬이 그에게 과거시험에서 농간을 부린 적이 있냐고 물었다. 그러자 아전이 털어놓았다.

"한두 번 장난을 친 적이 있었지요. 그런데 한번 크게 놀란 뒤로는 그만두었지요. 전에 어떤 유명한 관리가 있었는데 글재주가 뛰어났다고 해요. 하지만 성격이 올곧지 못해서 과거시험에서 승정원의 아전과 짜고 농간을 부렸답니다. 그래서인지 과거 날짜가 다가오면 갑자기 귀신의 변고가 생기고 대들보 위에서 슬픈 곡소리가 들리더랍니다. 그래도 그는 농간을 그치지 않았다고 해요.

그런데 하루는 농간을 부린 관리에게 공중에서 커다란 목소리가 들리더랍니다. 자기는 승정원 아전의 아비인데 자네가 과거시험에서 농간을 부리니 귀신들이 벌을 내리겠다고요. 우선 그의 자손들을 죽여 후사를 끊어놓을 것이고, 그는 괴질에 걸려 죽을 거라고 하더래요. 자기 아들도 죄가 있지만 관리의 협박 때문에 한 일이니 큰 벌은 받지 않을 거라고요. 겨우겨우 대는 잇겠지만 그래도 자기 자손이 화를 면치는 못하게 됐다며 성을 냈더라군요.

그 귀신은 그 뒤로도 여러 번 찾아와 곡을 하더랍니다. 그후 그 관리는 정신이 멍해지더니 바보가 되는 것 같더래요. 귀신의 말처럼 자손들도 차례로 죽고요. 결국 얼마 뒤 그 관리도 죽었지요. 같이 농간을 부렸던 아전은 갑자기 나타난 협객에게 매를 맞고 죽었어요. 아전의 손자는 앉은뱅이라 장가들지 못했고 여종과 정을 통해 아이를 낳았는데 그 아이는 벙어리였다지요. 그래서 저도 다시는 과거시험에서 농간을 부리지 않겠다고 맹세했어요."

—『기문총화』

이 이야기는 조선시대 과거제도의 폐단을 보여준다. 실력과 무관하게 급제하는 일이 비일비재했고, 이는 관리와 아전의 농간 탓이라는 여론이 떠돌았다. 관련자를 처벌하면 그만이겠지만 수법이 매우 정교했을뿐더러, 농간을 부린 아전이 상부 관리와 뇌물을 나눠 갖기도 했기 때문에 적발이 쉽지 않았다. 과거시험의 비리가 심각한 것은 알고 있지만 어떻게 손써야 할지 난감하다고 판단했을 때, 사람들은 귀신이라도 나타나 폐단을 바로잡기를 원했다. 결국 귀신이 문제를 해결했다는 말은, 바꾸어 말해 현실에서는 그 해결이 불가능했다는 뜻이다.

위 이야기에서 귀신은 자손에게 해를 끼친 이를 찾아와 저주를 퍼붓고 재앙을 안겼다. 과거시험에서 농간을 부린 관리를 찾아가 목숨을 빼앗고 대를 끊겠다고 야단쳤다. 농간에 동참한 아전까지 비명횡사했다. 또한 그의 손자는 '앉은뱅이'라는 장애를 지니게 됐다. 덧붙이자면, 과거시험에서 농간을 부린 것은 자손대까지 벌을 받을 만한 중죄라는 의미인데, 이 이야기에서는 그에 대한 징벌이 신체 장애라는 상징으로 드러났다. 장애에 대한 편견에서 자유롭지 못했던 조선 후기의 차별적 시선이 고스란히 반영됐다. 어쨌든 이야기를 듣고 옮긴 사람들은 장애가 있는 자손이 태어난 것을 부덕한 조상 탓으로 해석했다. 즉, 과거의 존재인 귀신이 현실에 영향을 미친다고 본 것이다.

누구도 바로잡지 못한 과거제의 폐단을 귀신이 처단했다고 했다. 귀신이 현실 세계의 심판자, 모순의 해결자로 등장한 것이다. 귀신의 등장은 이유가 있을뿐더러 정당하고 의롭기까지 하다. 귀신은 현실 세계의 불안을 들여다보고 모순을 바로잡음으로써 현실에 깊이 관여한다. 이로써 남자 귀신이 현실 세계에서 차지하는 위치나 권한의 크기를 미루어 짐작할 수 있다.

18층 지옥 이야기

'지옥'이란 살아서 악한 일을 한 자들이 간다는 저승이다. 조선 후기 박물학자 이규경은 『오주연문장전산고』에 「지옥변증설」이라는 글을 실었다. 불교에서 말하는 지옥이 실제로 있는지를 논리적으로 변증한 글이다. 그는 '지옥'을 성리학적 잣대로 재단하기에 앞서 민간에 널리 알려진 지옥의 속설을 정리했다. 지옥을 하나의 문화적 현실로 받아들인 것이다. 여기에는 다양한 지옥의 종류가 소개되어 있다.

세속에서는 지옥을 명부冥府, 또는 음부陰府 라고 하며, 풍도酆都 구유옥九幽獄으로 부르기도 한다. 지옥은 8개의 큰 지옥으로 구성되며, 그 하나마다 16개의 지옥을 거느린다. 통틀어 136개, 또는 272개의 지옥이 있다는 설도 있다. 천축이나 중국에서는 높은 산마다 모두 지옥이 있다고 했다. 온천에 화염이 솟아오르는 산을 지옥으로 부르기도 한다.

불교 경전에 따르면 지옥은 다음의 구분처럼 18층이다.

조근옥, 유왕옥, 화갱옥: 생전에 온갖 악업을 저지른 이가 죽어서 죄명을 받는 곳.

풍도옥, 발설옥, 박피옥: 불충하고 불효하여 사람의 도리를 해치고, 부처같이 말하면서 뱀같이 마음을 쓰는 자가 떨어지는 곳.

마처옥, 대도옥, 거봉옥: 양심을 속여 공공의 도를 지키지 않고 말을 교묘하게 꾸며 몰래 남을 해친 자가 떨어지는 곳.

한빙옥, 탈각옥, 추장옥: 눈금을 속인 자가 떨어지는 곳.

위에서부터 차례대로 〈지옥의 첫번째 왕第一秦廣大王〉, 〈지옥의 여덟번째 왕第八平等大王〉, 〈지옥의 열번째 왕第十五道轉輪大王〉, 19세기, 국립중앙박물관 소장 | 지옥의 모습을 그린 그림이다. 지옥에는 옥졸에게 번쩍 들어올려져 검산(劍山)에 내동댕이쳐지고 독사에게 휘감긴 죄인들이 있다(위). 그런가 하면 톱으로 몸이 잘리거나 열탕에 빠진 죄인들도 있다(중간). 마지막으로, 망자(亡者)는 죽은 후 여러 왕을 거쳐 그 죄를 심판받은 끝에 오도전륜대왕 앞에 이르러 다시 태어날 곳이 결정된다. 죄인을 심판하는 재판이 끝나 각자 축생, 아귀, 인간 등으로 다시 태어나는 장면이 묘사되어 있다(아래).

〈극락지옥도〉 중 지옥도 부분, 137.5×200㎝, 목아박물관 소장 │ 지옥의 모습을 그린 불교 그림으로 지옥변 또는 지옥변상도라고 한다. 권선징악을 위해 지옥의 고통스런 모습을 묘사했다.

유와옥, 흑암옥, 도산옥 : 폭력적인 사람이 선량한 사람을 속이다가 머리를 감추고 목을 움츠려 독한 괴로움을 받는 곳.

혈지옥, 아비옥, 칭간옥 : 돈과 이익만 노리고 인명을 해치거나 음흉한 꾀를 부리는 자, 생명을 함부로 도살한 자가 떨어지는 곳.

지옥에 한번 떨어지면 천년토록 풀려나기 어려우며, 하늘과 땅을 향해 울부짖어도 구원해주는 이가 없다고 한다. 시름에 잠긴 눈썹과 쭈글쭈글해진 얼굴로 벌벌 떨면서 지내야 한다.

이규경은 지옥을 이렇게 정리했다. 지옥은 귀신을 관할하는 곳으로 음계다. 사람은 원래 양계에 속하니 죽어서 음이 되는 것은 당연한 이치다. 그런데 이야기를 꾸미기 좋아하는 사람들이 상상력을 발휘해 지옥설을 만들었다. 염라왕도 사람들이 만들어낸 개념이다. 착한 사람에게는 복을 주고 나쁜 사람에게는 재앙을 준다고 꾸며 착하게 살도록 권면한 것이다.

불전에 기록된 지옥에 대한 설명은 꽤나 상세하다. 죄의 종류에 따라 배정받는 지옥도, 벌도 다르다. 지옥설은 사람들에게 어떤 게 벌을 받을 만큼 나쁜 행동인지 알려주는 역할을 했다. 말하자면 지옥설은 법전이나 경전보다 더 쉽게 사람들을 도덕적 생활로 안내한 문화 홍보물이었던 것이다.

3

구천을 떠도는
여자 귀신,
생사의
경계에 선 난민

여자 귀신은 공포를 환기시키며 현실로 귀환하지만, 그 속내를 들여다보면 그들은 결코 무서운 파괴자가 아니다. 오히려 그들은 억울하게 현실에서 쫓겨난 자임을 확인하게 된다. 하지만 현실에서 추방됐다는 바로 그 이유로 그들은 죽음의 세계에도 정착할 수 없게 된다. 말하자면 여자 귀신은 이승에도 저승에도 머물 수 없는 난민이다. 그들은 오직 이야기하는 주체, 언어적 존재로서 신생新生한다.

지금까지 읽은 남자 귀신, 또는 남신 이야기는 공포를 자극하는 상상 속의 귀신과는 다르다. 남자 귀신은 죽어서도 가족을 돌보고 그들을 염려하며, 때로는 가장으로서의 권위를 내세워 명령을 행한다. 가장의 이미지를 유지한 조상신이 되는 것이다. 살았을 적의 관리는 죽어서도 명부의 관리가 된다. 남자의 권력과 권한이 저승에서도 계속된다고 상상했다. 남자 귀신은 숭배되는 조상신이자, 당당한 명부의 관리이며, 때로는 이승의 모순을 해결하는 해결자로 등장한다. 말하자면 그는 현실에 문화적 힘을 행사하는 살아 있는 영혼이다. 산 자의 입장에서 죽은 조상을 보는 일은 길하다. 그는 후손을 돌보는 조상신이기 때문이다.

그럼에도 불구하고 남자 귀신은 한국 귀신의 전형이 아니다. 아무리 조상신으로 기려지고, 문제해결력을 지닌 저승의 관리라고 해도, 남자 귀신에 대한 관심은 여자 귀신에 비해 미미하다. 그런 점에서 남자 귀신은 이야기의 진짜 주인공이 아니다.

이에 비해 여자 귀신에 대한 관심은 강렬하다. 머리를 흩뜨리고 피를 흘리며 찢어진 옷을 입고 등장한 여자 귀신은 무섭고 두려운, 그러나 흥미진진한 존재다. 평소에 말수가 적고 글쓰기를 제한받던 여자가 죽은 뒤에 하는 말은 단순한 호기심 이상의 관심을 불러일으킨다. 여자 귀신의 목소리는 일종의 방출된 금기어이기 때문이다. 그 자체로 반사회적이다. 금기와 반사회성은 문학적 상상력이 빛을 발하는 흥미와 호기심의 영역이기도 하다. 그런 이유로 여자 귀신은 명실공히 전통적인 한국 귀신의 표상이자 전형의 지위를 확보한다.

여자 귀신은 공포를 환기시키며 현실로 귀환하지만, 그 속내를 들여다보면 그들은 결코 무서운 파괴자가 아니다. 오히려 그들은 억울하게 현실에서 쫓겨난 자임을 확인하게 된다. 하지만 현실에서 추방됐다는 바로 그 이유로 그들은 죽음의 세계에도 정착할 수 없게 된다. 말하자면 여자 귀신은 이승에도 저승에도 머물 수 없는 난민이다. 그들은 오직 이야기하는 주체, 언어적 존재로서 신생新生한다.

그런 이유로 여자 귀신의 이야기를 듣는 것은 현실에서 추방된 자의 항변에 귀 기울이는 지극히 인간적인 일임을 이해하게 된다. 따라서 귀신이 나타났다고 덜컥 겁을 먹고 죽는 것은 비겁하다. 그것은 귀신이 품고 있는 한, 그리고 모순된 현실에 대한 일종의 도피다. 놀라 죽는 것은 생사의 경계에 선 난민을 대하는 인간된 도리라 할 수 없다.

한국 귀신의 전형, 피 흘리는 여자 귀신

피 흘리며 울부짖는 여자 귀신은 그 출현 자체만으로도 긴장을 불러일으킨다. 그들이 나타나는 순간 현실적 규범과 질서에 균열이 생기고 세계는 혼란에 빠진다. 급기야 귀신은 한 마을을 통째로 몰락시켜 파멸의 화신, 폐허를 부르는 저주스런 이름으로 호명된다.

여자 귀신들이 그토록 수많은 생명을 해치면서까지 포기할 수 없었던 것은 현실에 전할 '말'이었다. 이야기는 귀신에게 말할 기회를 부여한 유일한 장치다. 여자 귀신들이 털어놓는 '사연'은 하나로 모아지지 않는다. 사람들은 그 사연이 품은 감정과 정서의 공통점에 주목했다. 그것이 '한恨'이다. 한은 타의로 억눌린 감정에 붙여진 이름인 동시에 출구를 봉쇄당한 말들의 무덤이다. 억울함과 분노, 슬픔과 절망으로 버무려진, 순도를 상실한 묵은 감정, 문법을 상실한 언어가 '한'이라는 단일한 어휘로 명명되었다. 그들의 한은 실패와 좌절, 억울함이 뒤섞인 불편한 정서를 수반한다. 사람들이 귀신에 대해 공포와 전율을 느끼는 것은 사실상 그들의 접근을 거부함으로써 자기 자신을 보호하려는 심리적 보호막에 불과하다.

살아 있는 피눈물, 얼룩진 누명 속의 한

재상이 된 김공이 젊었을 적 일이다. 영월암에서 글공부를 하는데 여자의 곡소리가 점점 다가왔다. 김공이 물었다.

"귀신이냐, 사람이냐?"

"귀신입니다. 원통한 사연을 하소연하러 왔습니다."

공이 문을 열어젖히자 공중에서 소리가 들렸다.

"모습을 드러내면 공께서 놀라실까 두렵습니다."

"드러내라."

말을 마치자 젊은 여자가 나타났는데 머리를 풀어헤치고 피를 흘리며 서
있었다.

"무슨 일이냐?"

여인이 말했다.

"시집간 지 얼마 되지 않아 남편이 음란한 여자와 눈이 맞았습니다. 남편
은 그 여자 말만 믿고, 저를 욕하고 때리더니 끝내는 칼로 찔렀습니다. 음란
하다고 고함을 치면서요. 제 시신은 영월암 절벽 틈에 버려졌지요. 친정 부
모님은 남편 말만 믿고 제가 딴 남자와 눈이 맞아 떠난 걸로 알고 있습니다.
비명횡사한데다가 누명까지 썼으니 원통하고 또 원통합니다."

김공은 사연이 딱했지만 난감해할 뿐이었다. 그러자 여인이 말했다.

"공께서는 아무 해에 과거에 급제하셔서 이러이러한 관직에 오르실 거예
요. 아무 해에는 추조참의 형조참의, 조선시대 형조의 정3품 벼슬를 하실 겁니다.
그때 제 원통함을 풀어주세요."

말을 마치고 사라졌다.

다음 날 김공이 절벽에 가 보니 과연 어젯밤 만났던 여자의 시신이 있었다. 핏자국이 선명했다. 김공은 이 일을 비밀로 간직한 채 공부에 전념했다. 그는 과연 여인의 말처럼 과거에 급제하여 추조참의에 올랐다. 김공은 귀신의 하소연이 떠올라 관아에 좌정하고 여인의 남편을 불러 심문했다. 남편은 처음에는 완강히 혐의를 부인했지만 영월암에 데려가 증거를 대자 순순히 죄를 자백했다. 여인의 부모를 불러 이 사실을 알리고 시신을 묻어주게 했다. 여인의 남편에게는 형을 내렸다.

그날 밤 여인이 영월암으로 찾아왔다. 단정하게 쪽찐 머리에 말쑥한 차림새로 예전의 용모가 아니었다. 여인은 공에게 사례하고 그의 앞날을 예고하며 자손들도 번창할 거라고 말해주었는데, 과연 그 말이 꼭 들어맞았다고 한다.

—『기문총화』

귀신의 한은 다른 여자에게 마음을 준 남편에 대한 배신감과 질투에 있지 않다. 한의 진짜 기원은 자신이 다른 남자와 정을 통했다는 '누명'에 있다. 신혼 초에 남편에게 버림받았다면 이 혼사는 처음부터 잘못된 셈이다. 서로에 대한 마음을 확인할 기회도 없이 혼인을 결정한 제도적 절차 자체가 문제였다. 남자는 여자가 마음에 들지 않았고, 여자도 남자에게 미련이 없었다. 남자는 신혼의 단꿈을 포기하는 대신 다른 여자를 만나 욕망을 채웠다. 부인의 입장에서 그 여자를 '음란한 여자'로 호명한 것은 일종의 자기 위안이자 보호 심리였을 것이다. 그러나 현실에서는 남편이 밖에 여자를 두고 음란한 행각을 벌인다고 털어놓을 상대가 없었다. 신혼 초부터 남편이 딴 여자를 찾는다면 신부도 그 책임을 면할 수 없었을지 모른다. 여자는 남편의 외도라는 치욕은 물론 외도의 일차적 원인을 제공했다는 세론을 견뎌야 했을 것이다. 무엇보다 남편의 성생활이라는 은밀한 부분을 공개하는 것 자체가 금기였다.

여인의 입장에서 정작 음란한 것은 남편과 눈이 맞은 여자인데, 그 여자는 도리어 부인이 음란하다고 거짓말을 했다. 여자가 부인을 모함한 것을 보면, 질투를 한 것은 부인이 아니라 정부였다. 이미 오래전에 부인에게서 마음이 떠난 남편이었지만, 부인이 음란한 행각을 벌인다는 말을 듣고 가만히 있을 수는 없었다. 다툼 끝에 남편은 부인을 살해하고 시신을 유기했다. 질투를 처리하는 방식은 전적으로 남편의 사사로운 결단에 맡겨졌다. 부인은 남편에게 두 번 버려졌다.

여인에게 억울한 죽음보다 참을 수 없었던 것은 자신이 음녀淫女라는 세간의 거짓된 소문이었다. 귀신이 된 것은 바로 이 억울함 때문이다. 여인이 복수를 원했다면 먼저 자신에게 누명을 씌운 정부를, 그리고 남편을 직접 찾아갔을 것이다. 그러나 이들에게 복수하는 것은 어찌 보면 불필요한 행위였다. 여인이 원했던 것은 오명을 벗는 일이었다. 여인에게는 사건을 '사회적'으로 해결해줄 사람이 필요했다. 무엇보다 부정한 딸을 둔 죄로 낯을 들지 못하는 부모님을 두고 그대로 눈감을 수는 없었다.

여인은 전도유망한 청년을 찾아갔다. 현직 관리가 아니고 장래의 관리를 택했다는 것이 중요하다. 미래에 희망을 걸었다는 것은 억울함을 풀어줄 사람이 현재는 없다는 뜻이다. 여인은 청년의 앞날을 예언해주고, 자기의 원한을 기억해달라고 당부했다.

청년은 여인의 시신을 확인한 뒤에야 그 말을 믿을 수 있었다. 하지만 아직은 사건을 파헤칠 자격은 물론 살인에 대한 법적 책임을 물을 권한이 없었다. 김공은 여인이 알려준 해에 과거에 급제하고, 수순을 밟아 추조참의 벼슬에 이른 뒤에야 여인을 신원伸 할 계획을 세운다. 여인의 한을 풀어주는 것은 청년 시절에 맺은 귀신과의 인연에 보답하는 길이었다. 동시에 이는 자신의 장래를 예고해준 귀신에 대한 약속의 이행이기도 하다.

귀신이 된 여인이 택한 방법은 참으로 이성적이다. 남편의 외도를 참아낸 것이나, 때를 기다려 합법적인 신원을 요청한 점으로 볼 때 귀신은 범인凡人 이상의 인내와 이성을 지녔다. 오히려 정부情夫의 아내를 질투해 거짓말을 꾸며낸 여자나, 사랑하지도 않는 아내의 음행을 참지 못해 살인을 저지른 남편이야말로 감정에 솔직했던, 결국은 그 감정의 희생자가 된 평범한 존재였던 것이다.

귀곡성, 자기를 신호화하는 실패한 기호

여자 귀신들은 독특한 '소리'와 함께 등장한다. 그것은 단어로 분절되지 않는, 인간의 언어 영역을 넘어선 음향 범주에 속해 있다. 그 소리는 절대적인 고통과 한의 기호다. 그 기호는 잘 해석되지 않으며, 온전히 해석되기 이전에 인간으로부터 버림받는다. 귀곡성을 들은 사람은 그 뜻을 이해하기도 전에, 자기가 먼저 세상을 떠난다. 그 때문에 누군가 귀곡성을 듣는다면 그는 죽음 세계의 호출을 받은 셈이다. 그런 이유로 '귀곡성'은 생명을 박탈하는 죽음의 언어, 파괴의 음소로 왜곡된다.

귀신의 쇳소리는 강제로 입막힘을 당한 자가 간신히 자신을 알리는 불편한 신호음이다. 그 절박함에는 누군가를 다치게 하려는 사악한 의도가 개입될 여지가 없다. 귀신은 오직 자신의 존재를 증명하기 위해 목소리를 낸다. 귀신의 입장에서 그것은 절박한 애원이다. 하지만 목격자의 입장에서 그것은 저주이자 재앙이다.

귀신의 신호음은 존재 증명을 위해 고안된 불가결한 수단이다. 그러나 귀신이 현실로 넘어오는 순간, 목격자는 현실 바깥으로 축출된다. 생사의 경계선에서 서로가 마주친 순간, 그 둘은 더이상 서로를 찾지 않는 타인이 된다. 귀신이 원하는 것은 또다른 귀신이 아니라 생명을 가진 산 자이기 때문이다.

그런 점에서 '무서운 귀신'은 일종의 아이러니다. 하소연을 하려 했을 뿐인데 들어줄 자가 죽는 것이다. 공포를 수반하는 귀신의 처신은 다분히 소모적이다. 끊임없이 같은 일을 반복해야 하기 때문이다. 그런 점에서 귀신은 이미 패배자다. 그는 겹겹의 절망을 견뎌야 하며 모두가 만남을 꺼리는 귀신의 삶을 유지해야 한다. 그 어려움을 딛고 가만히 현실에 발을 내딛는 순간, 사람들은 귀신의 발에 묻은 혈흔, 제멋대로 자라난 머리칼, 어둠 속에서 선연히 형체를 드러낸 하얀 소복에 놀랄 것이다. 귀신은 가만히 가슴에 맺힌 사연을 말하려는 순간, 이미 차갑게 굳어버린 시신을 맞닥뜨리게 될 것이다. 귀신의 언어는 인간의 언어와는 구분되는 '소리의 체계', 원시성의 영역을 담보한다. 귀신의 말이 인간의 언어로 '곡성_{哭聲}'이라고 번역되는 것은 이러한 까닭이다.

여자 귀신의 첫번째 신호음이 '곡성'이라는 것은 의미심장하다. 흐느껴 우는 곡성은 그들이 현실로 돌아온 이유를 전달하는 원초적 메시지다. 그들은 마치 인간의 언어 행위를 망각한 것처럼, 인간의 질서체계를 배운 적이 없는 아이처럼 곡성으로 말한다. 그 뜻을 해독하는 자만이 귀신의 청자_{聽者}가 될 자격이 있다.

살해된 여인, 귀신이 되어 입을 열다

풍원군 조현명은 영조 갑인년₁₇₃₄에 경상도 관찰사였다. 당시 정언해가 통판이었다.

어느 날 정언해는 조현명과 새벽까지 술을 마시고 관아로 돌아와 잠자리에 들려고 했다. 그때 감영의 하인이 와서 관찰사의 명을 전했다. 급한 일이니 평복 차림으로 오라는 것이다. 급히 달려간 정언해에게 조현명이 말했다.

"칠곡의 살인사건을 재수사해야겠네. 퇴임한 아전 배씨 형제를 불러 체포하고 그 딸의 무덤에 데려가 땅을 파보게. 이러이러하게 생긴 열일곱쯤 돼 보이는 여자가 나올 걸세. 푸른빛이 도는 흰색 명주 저고리에 남빛 광목 치마를 입었네."

"그런 일이라면 어찌 새벽을 기다리겠습니까?"

정언해는 곧장 칠곡으로 떠났다. 그러자 마을 사람들이 수런거렸다.

"요즘 살인사건이 없었는데, 검사관님께서 왜 오셨을까?"

정언해는 관아에 좌정하고 배씨 성을 가진 아전 형제를 불러들였다. 먼저 그 형에게 자녀가 있느냐고 물었다.

"딸이 하나 있었는데, 10년 전에 병들어 죽었습니다."

통판은 그를 딸의 무덤에 데려가 관을 부수고 시신을 꺼냈다. 얼굴빛이 마치 살아 있는 듯했다. 여인의 용모와 입고 있는 옷은 관찰사가 말한 그대로였다. 염할 때 묶은 끈을 풀고 옷을 벗겨 검사했지만 상처는 없었다. 그런데 시신을 뒤집자 등에 돌로 맞은 흔적이 보였다. 피부와 살이 찢겨 피 흘린 흔적이 뚜렷했다. 이로써 살인 사실을 확정하고 급히 검사 결과를 문서로 작성했다. 배씨 형제와 그 아내들을 감영의 옥에 가두라고 명했다. 정언해는 급히 말을 몰아 관찰사에게 이를 보고했다.

이에 조현명은 배씨 아전 형제와 그 처들을 엄문했다. 그러자 그 아우가 입을 열었다.

"사또님의 밝으신 눈앞에서 어찌 감히 숨기겠습니까? 소인의 형은 부자인데 아들이 없습니다. 딸만 하나 있었지요. 제 아들을 양자로 들이려 했지만 형은 그럴 수는 없다며 저에게 제사만 맡겼습니다. 하지만 후실로 들어온 형수가 제 조카딸을 미워했습니다. 저는 형수와 짜고 조카딸이 음행을 저질렀다고 누명을 씌웠습니다. 형님이 화가 나서 딸을 죽이면 그 재산은 소인들 차지가 될 테니까요.

하지만 형님은 차마 딸에게 손을 대지 못했습니다. 소인은 형님이 외출하신 틈을 타 형수와 함께 조카딸을 묶어놓고 돌로 등을 찧어 죽이고서 관에 넣었습니다. 형님이 돌아오자 조카딸이 간통하다 들켜서 자결했다고 꾸며 댔지요. 그로부터 10년째 형님은 아무것도 모르고 계십니다. 모두 형님의 재산을 차지하려고 벌인 일입니다."

다시 그 형수에게 물으니 진술이 같았다. 이에 판결을 내렸다. 이를 지켜보던 정인해가 물었다.

"이번 사건을 어찌 이토록 소상히 아셨는지요?"

조현명이 웃으며 말했다.

"어젯밤 잠자리에 들려는데 갑자기 촛불이 깜빡거리더니 찬바람이 불더군. 그러자 한 여인이 나타나 수도 없이 절을 하면서 원통한 일을 하소연하겠다는 게야. 칠곡 아전의 딸인데 누명을 쓰고 맞아죽었다더군. 그간 여러 번 사또를 찾아가 하소연하려 했지만 정신과 기백이 부족한 자들이라 말할 수가 없었다고 했네. 설욕을 청하기에 그러마고 허락했지. 그래서 자네를 불러 수사하게 한 걸세."

—『기문총화』

이 이야기는 조현명이 마을 처녀의 자살을 살해로 정정한 경위를 보여준다. 조현명은 숙종 때 진사시에 합격하여 영조 때 풍원군에 봉해졌다. 부제학, 동지의금부사, 도승지 등의 벼슬을 했고, 경상도와 전라도 관찰사, 이조·호조·병조판서 등 다양한 관직을 거쳤다. 이야기의 배경은 그가 경상도 관찰사로 임명된 지 1년 뒤다. 재산 문제로 벌어진 끔찍한 친족살해사건이라는 선정성이 오히려 조현명의 능력을 부각하는 계기로 작용했을 법하다.

이 사건은 목격자는 물론 타살의 흔적도 남지 않은 완전범죄였다. 집안의 수치라 할 수 있는 자살이었으며, 치정사건이었다. 숨기고 싶었던 일이 밝혀진 만큼, 이 일의 사회적 파장은 상당했을 것이다. 시집도 안 간 딸이 죽어 장례를 지냈다는 소문이 돈 지 10년 만이었다. 그런데 사실은 여인이 자살한 게 아니라 살해당했다는 사실에, 그것도 계모와 숙부가 바로 살인의 주범이었다는 데 온 마을이 발칵 뒤집혔을 것이다. 더군다나 끔찍한 살해의 동기가 바로 '돈'이었다는 데 마을 사람들은 다시 한 번 충격을 받았을 것이다. 사정도 모르고 딸을 원망했던 아버지는 제 딸을 죽인 처와 함께한 세월, 믿었던 아우에게 배신당한 자신을 용서할 수 없었을 것이다.

이 사건이 완전범죄가 될 수 있었던 이유는 동모자 간의 완벽한 침묵과 은폐에 있지 않다. 완전범죄의 숨은 공로자는 상식을 뛰어넘은 발상의 끔찍함 속에 있다. '설마'와 '차마'에 대한 기대를 비껴간 데서 범죄가 시작되었으며, 인정의 마지막 가능성마저 저버림으로써 완전범죄를 이뤘다.

사건의 실마리는 오직 죽은 자만이 쥐고 있었다. 당사자나 가족이 아닌 사람들은 관여하기 힘든 폐쇄적인 문제였기 때문이다. 간통을 들켜 자살한 딸을 장례지내준 아우는 그에게 평생의 은인이었다. 아우의 처신에 고마움을 느낀 그는 조카를 양자로 들였을지도 모른다. 아우는 형수와 함께 유산을 어떻게 나눌지 계산해봤을 것이다.

문제는 살해한 조카이자 전실의 딸이 진정으로 죽지 않았다는 데 있다. 살해된 처녀는 차마 죽음의 세계로 떠날 수 없었다. 살아서 입은 누명을 해결하는 일이 절실했다. 저승에도 갈 수 없었던 처녀는 결국 현실로 귀환한다. 살인자가 덮어씌운 누명을 벗겠다는 결단을 내린 것이다. 그대로 죽은 자가 되어 살인지의 의도대로 침묵하고 있을 수는 없었다. 문제를 해결하기 위해 처녀가 선택한 것은 '법'이다. 법이란 사람을 위한 것이며, 정의롭다고 믿은 것이다. 처녀는 경상도 관찰사를 찾아갔다. 그러나 맞아죽어 피명 든 귀신을 대면할 만큼 담력이 센 관리는 없었다. 그들은 모두 종잇장처럼 떨어져나갔다. 조현명은 그녀가 10년 만에 처음 대면한 유일한 관리였다.

여인이 바란 것은 복수나 처벌이 아니라 명예회복이다. 조작된 과거를 되돌려 오해를 푸는 것이 그가 바란 전부였다. 여인의 소원은 10년의 기다림 끝에 이루어지고, 드디어 그녀는 죽은 자의 영원한 처소, 저승에 갈 수 있게 된다.

그런데 여기서 드는 의문점 하나. 여인은 왜 스스로 문제를 해결하지 않았나? 왜 번번이 실패하면서도 줄곧 관찰사를 찾았는가? 조선시대 여자 귀신들은 어째서 그다지도 합법적 절차를 존중했는가?

여자 귀신의 해결사, 남성 관리

여자 귀신이 직접 복수하지 않는 이유

여자 귀신이 직접 복수를 하지 않는 이유를 파악하기 위해 이야기의 출발점으로 돌아가보자. 이야기는 조현명과 정언해가 술잔을 주고받는 장면에서 시작된다. 조현명은 정언해와 술자리를 파한 지 얼마 되지 않아 그를 다시 관아로 부른다. 일이 있으니 칠곡 마을로 가라고 명하자 정언해는 날이 새기를 기다릴 필요가 없다며 바로 출발한다. 그길로 불을 밝히고 칠곡으로 떠났다. 관리로서 조현명의 능력을 단적으로 보여주는 대목이다. 그에게는 아랫사람과 허물없이 술자리를 즐기는 인간적 면모가 있었을뿐더러, 자기 말에 토를 달지 않는 심복이 있었다. 짧은 이야기 구조는 조현명의 유능함을 부각하는 데 초점이 맞춰져 있다. 여인의 참혹한 사연이나 선정적인 비극담은 오히려 그의 유능함을 증거하는 소재가 되었다. 요컨대 이야기의 주인공은 살해당해 억울함을 품은 귀신이 아닌, 풍원군 조현명인 것이다.

이는 야담이라는 장르가 사대부들이 여가에 읽는 독서물이라는 것과 관련된다. 후대로 가면서 독자층이 확대되기는 했지만, 야담의 주요 독자층은 여전히 사대부 남성이었다. 야담에 관리의 일화가 그토록 많이 등장하는 것, 왕과의 일화가 심심치 않게 등장하는 것은 주된 독자층인 사대부와 관리들의 관심사를 반영했기 때문이다.

따라서 귀신들이 문제를 해결하기 위해 관리를 찾아가고, 법에 의지한 것은 당연한 수순이었다. 야담은 무슨 문제든 척척 해결하고, 귀신도 두려워하지 않는 담력의 소유자이며 지혜로운 판결자인 관리를 문화적 매개물로 삼아 사대부 남성 독자들이 자부심을 펼쳐낼 수 있게 한 것이다.

그러나 한 가지 해결되지 않은 의문이 있다. 왜 여자 귀신들은 자신의 문제를 직접 해결하지 않을까? 법은 정의의 편이고 관리들은 고통 받는 하층민들을 결코 외면하지 않았기 때문일까? 생사의 벽을 뚫고 등장할 정도로 적극적인 여자 귀신이 하소연을 하고 난 뒤에는 흔적도 없이 사라지는 이유는 무엇일까?

이 역시 야담의 향유층과 관련해 해석할 문제다. 여자 귀신이 직접 문제를 해결하는 존재가 된다면 현실에서 관리가 설 자리는 사라진다. 귀신에게 현실을 맡긴다는 위험한 발상이 조선시대 사대부 문학에 자리할 여지도 없었다. 무엇보다, 이야기를 만드는 당사자들이 귀신을 '하소연하는 존재'로 설정하는 데서 그칠 뿐, 절대로 그들에게 '문제 해결의 권한'을 주지 않았다. 이야기 속 여자 귀신의 배후인 '현실'에서 이야기를 꾸며내 그를 조종한 이가 바로 사대부 남성이기 때문이다. 앞에서 읽은 이야기가 살해당한 여인의 참혹한 비극담, 귀신이 등장하는 공포담이 아니라 명판관 조현명이 주인공인 추리담이자 문제해결담으로 읽히는 것은 이러한 이유에서다.

그러나 현대 독자들이 고전을 읽을 때 반드시 원저자의 의도대로 읽을 필요는 없다. 서술자가 겨냥한 이야기의 초점은 하나이지만, 독자는 복합적 시각으로 이야기를 다시 읽을 수 있다. 그 가능성은 이야기가 탄생하는 순간, 서술자도 통제할 수 없는 이야기 자체의 생리로 장착되었다. 이야기의 주인은 작가가 아니라 독자이며, 이야기의 음성은 하나가 아니라 여럿이다. 독자들이 주목해야 할 것은 글자로 적힌 이야기 이면에 존재하는 '복화술사의 음성'인 것이다.

부패한 관리, 자살을 부르다

그렇다면 이야기 속의 모든 관리들이 정말로 모두 정의롭고 지혜로울까? 귀신도 사건을 의뢰할 정도로 유능한 관리들만 있었다면 세상의 부조리는 진작 사라졌어야 하지 않을까?

영주 노생의 아들이 장가든 지 얼마 되지 않아 세상을 떠났다. 과부가 된 며느리 박씨는 예를 갖추어 남편의 장례를 치르고 효성껏 부모를 모셨다. 본래 가난한 집안이었지만 박씨가 살림을 잘해서 끼니를 거른 적은 없었다. 사람들이 모두 칭찬했다.

이웃에는 김조술이라는 부자 양반이 살고 있었다. 그는 박씨의 미모를 엿보고 욕심을 냈다. 어느 날 김조술은 노생이 외출한 틈을 타 한밤중에 박씨의 침실로 들어갔다. 잠이 깬 박씨가 수상한 낌새를 느끼고 시어머니 방에 들어가 사정을 고했다.

한편, 김조술의 집에는 그 집 여종과 결혼한 박씨의 종 만석이 살고 있었다. 그는 박씨가 시집올 때 데려온 어린 종이었다. 한밤중이라 고요한데 갑자기 문밖에서 외치는 소리가 들렸다.

"박과부와 사통한 지 오래되었으니 빨리 내보내시오!"

그러자 박씨의 시어머니가 "도둑이야!"라고 외쳤고, 이웃 사람들이 불을 들고 모여들었다. 이에 김조술은 돌아갔다.

이 사실을 안 노생은 분을 이기지 못해 관가에 고소하려다 공연히 소문이 날까 두려워 그만두었다. 그런데 박씨가 김조술과 사통하여 임신한 지넉 달째라는 이상한 소문이 돌기 시작했다. 김조술이 꾸며낸 소문이었다.

박씨는 직접 관가에 들어가 김조술의 죄와 자신의 결백을 낱낱이 밝혔다. 하지만 이미 김조술이 뇌물로 손을 쓴 뒤였다. 게다가 관속官屬, 지방 관아의 아전과 하인들은 모두 김조술의 종들이었다. 형리들도 여인의 음행은 이미 오래전부터 소문이 자자했다고 거들었다. 본관 사또 윤이현은 관속들의 말만 믿고 말했다.

"그대가 진실로 정절을 지켰다면 머지 아 저절로 모함이 벗겨질 것이오. 어찌 관아로 직접 찾아온단 말이오?"

박씨가 말했다.

"제가 직접 밝혔는데도 김가를 엄히 벌하지 않으면, 바로 여기서 자결하겠습니다."

곧 차고 있던 장도를 꺼냈는데, 어조가 강개했다. 본관 사또가 노하여 꾸짖었다.

"협박하는 게요? 죽고 싶다면 큰 칼로 집에서 죽을 일이지, 어찌 작은 칼로 이러시오? 어서 나가시오!"

이에 관비를 시켜 박씨의 등을 밀어 관문 밖으로 쫓아냈다. 박씨는 대성대곡하다가 장도로 목을 찔러 자결했다. 보는 이가 모두 놀랐고, 본관 사또도 놀라서 시신을 옮기게 했다.

분을 이기지 못한 노생이 관아에 들어가 호소하다가 도리어 관아에 발악했다는 죄를 입고 하옥되었다. 그러자 만석이 서울로 올라가 임금님 행차 앞에서 바라를 쳤다. 이에 박씨의 자결을 재수사하라는 명이 떨어졌다. 김조술은 다시 뇌물을 써서 박씨에게 독약을 판 이들을 거짓 증인으로 세우고, 이들이 거짓 진술을 하게 했다. 박씨가 죽은 것은 자결이 아니라 임신했다는 소문이 부끄러워 독약을 먹고 죽은 것이라고 말을 맞췄다.

옥사는 판결나지 않은 채 4년이 흘렀다. 노생의 집에서는 박씨의 시신을 염도 하지 않고 관에 넣은 채 뚜껑도 덮지 않고 두었다. 원수를 갚은 뒤에 장례 지낼 생각이었다. 그런데 기이하게도 시신은 조금도 상하지 않았다.

만석은 김조술 집 여종과의 사이에 1남 1녀를 두었는데, 이 일로 처를 내쫓았다.

"자네 주인이 우리 주인을 죽였으니 원수일세. 부부의 의도 중하지만 종과 주인의 직분도 가볍지 않네. 이제 자네는 주인집으로 가게. 나는 우리 주인을 위해 죽을 각오가 돼 있네."

만석은 분주히 서울로 왕래하면서 원수를 갚으려 애썼다. 다시금 사정을 고하자 서울에서 다시 관리를 파견해 조사하게 했다. 노생의 집에서 박씨의 시신을 메고 관아에 이르렀다. 조사관이 시신을 살피니 박씨의 두 뺨이 발그레하여 생시와 같은 모습이었다. 목 아래에서 배와 등까지 칼로 찌른 자국이 선명했다. 피부는 돌처럼 딱딱했지만, 조금도 부패하지 않았다. 약물을 사고 판 상인과 노파를 엄하게 국문하니 비로소 실토했다.

"김조술이 이백 냥씩 주면서 시켰습지요."

감영에서 보고서를 작성해 올렸다. 김조술은 비로소 법의 처벌을 받았다. 박씨에게는 정려문旌閭門, 충신, 효자, 열녀 등을 표창하려고 동네에 세운 문이 내려졌다. 만석은 부역을 면하게 되었다고 한다.

—『기문총화』

박씨의 자살은 일종의 정절 스캔들이다. 왜곡된 소문이 박씨의 명예를 훼손해 죽음으로 내몬 것이다. 그러나 박씨는 단순히 정절을 증명하기 위해 자살한 것만은 아니다. 박씨는 부패한 법에 저항하고 타락한 관리와 맞서려는 의지를 자결로 보여주었다. 자살 스캔들은 곧 사회적 저항이 되었다. 이는 선량한 백성을 믿지 않는 관리, 감언이설과 돈에 약한 치정자에 대한 분노를 표출한 사건이었다.

수령은 피해자 여성을 보호하기는커녕 이중으로 모욕했다. 명예회복을 원한 박씨에게 진짜로 결백하다면 시간의 심판을 기다리라며 그녀의 용기 있는 결단을 조롱했다. 백성의 청을 외면하고 도리어 범법자를 방치한 셈이다. 장도를 꺼내 자결하겠다는 박씨에게, 그런 작은 칼을 쓸 것이 아니라 집에 가서 큰 칼을 쓰라고 도리어 그녀를 자극했다.

박씨의 자결 이후 새로운 문제가 발생한다. 박씨의 몸이 썩지 않았던 것이다. 노생의 집에서도 며느리를 장례 지낼 생각은 없었다. 며느리의 죽음을 헛되이 해서는 안 된다는 생각에 염도 하지 않은 시신을 관에 넣었다. 박씨의 시신은 4년 동안 생시의 모습을 간직했다. 산 것도 죽은 것도 아닌 생사의 경계에 박씨가 있었다.

해결을 자처한 것은 박씨가 친정에서 데려온 만석이라는 종이다. 그는 주인집과 원수지간인 김조술 집의 여종과 혼인한 사이였다. 그는 부부의 의도 중하지만 종으로서의 직분도 중요하다며 아내를 김조술 집으로 돌려보냈다. 바라를 쳐 격쟁을 하여 사건을 재조사할 계기를 만들었다. 만석은 가정의 행복보다 주인에 대한 충忠에 무게를 두었다. 주인을 향한 충이나 인간적 의리, 부부애 사이의 중요성을 무게로 다는 것은 의미가 없을지도 모른다. 만석이 어떤 생각을 했는지를 자세히 알 길은 없다. 기록자는 자신의 눈과 귀에 들어오는 정보만을 취해 만석의 입장을 대변했을 뿐이다. 사대부의 입장에서 충성스런 종을 위해 칭찬을 아낄 필요는 없었을 것이다.

결국 박씨의 명예회복은 개인적 행복을 포기한 만석의 노력으로 이루어진다. 한을 품고 죽은 며느리를 그저 죽게 둘 수 없었던 시가의 분노도 박씨의 신원에 한몫을 했다. 유언비어를 유포해 사사로운 욕심을 채우려던 김조술은 급기야 돈으로 사람을 매수해 사태를 모면하려 했지만, 끝내 자신이 저지른 죄의 덫을 빠져나갈 수는 없었다. 김조술은 법의 처벌을 받고, 박씨는 정려되었으며, 충성스런 만석은 부역을 면제받았다. 이야기는 여기서 종결된다.

그러나, 이야기의 마무리가 석연치 않다. 박씨의 청을 외면하고 그 상처에 모욕을 덧보탠 관리가 이야기 속에서 사라진 것이다. 그에게는 분노와 상심으로 고통 받는 박씨를 자극해 자결을 유도한 책임이 있다. 그에게는 무고한 백성에게 상처를 주고 가해자를 방치한 죄, 뇌물수수 방관죄를 물었어야 옳다. 공적인 책임 이외에도 그에게는 죽은 자와 그 가족에 대해 사과해야 할 인간적인 도리가 남아 있었다. 그러나 본관 사또는 박씨가 자결하자 시신을 치우게 한 데서 자취를 감추었다. 이야기는 김조술을 처벌하고 박씨를 위무慰撫, 위로하고 어루만지 달램하며, 공을 세운 만석에게 보상을 하는 것으로 성급하게 마무리된다.

박씨의 입장에서 이 같은 조치는 달갑지 않았을 수도 있다. 백성의 고소를 무시한 관리, 백성의 청을 외면한 법 체제에 대한 분노가 궁극적으로 해소되지 않았기 때문이다. 그러나 바로 그런 이유로 박씨는 귀신이 될 수 없었다. 박씨가 귀신이 되었다면 필경은 의롭고 용기 있는 관리를 찾아갔을 것이다. 그는 억울한 백성을 도리어 죽음으로 몰아간 본관 사또를 좌시하지 않았을 것이다. 결국 여자 귀신은 해당 관리를 처벌하는 계기를 제공했을 것이다. 이야기의 흐름이 이와 같다면 양반 독자층은 결코 이를 마음 편히 읽을 수 없었을 것이다. 그보다는 충복을 등장시켜 문제를 해결하고 충분히 보상해주는 편이 무탈하다고 판단했을 것이다.

이야기는 독자의 기대와 욕망을 충족시켰을 때 확산되며, 그 효과도 증폭된다. 사대부가 여가로 읽는 독서물이라면 그들을 즐겁게 해주는 게 옳았다. 이야기에서 한 인물이 사라진 맥락, 그리고 충복이 모든 문제의 해결사가 되는 계기는 꽁꽁 숨어 있지만, 아무도 알아볼 수 없게 숨길 수는 없었다. 이야기는 독자를 향해 열려 있기 때문이다.

장화홍련

장화와 홍련은 한국사의 트라우마다. 계모의 박해, 구경꾼 이복동생, 아버지의 방관과 오해로 연못에 빠져 죽은 장화와 홍련이 귀신이 되는 이야기는 가정조차도 안전지대가 될 수 없었던 처녀들의 삶, 딸들의 수난사를 대변하는 한국적 문화기호가 되었다. '나쁜 계모'라는 문화적 통념 속에서 생모 없는 삶이란 언제 폭발할지 모르는 휴화산에 둥지를 튼 것처럼 위태롭고 아슬아슬해 보인다. 그래서 장화와 홍련의 이야기는 기쁨과 행복이 원천적으로 차단된 재혼가정에 대한 편견의 주춧돌쯤으로 자리 잡았다.

한국 영화사에서도 장화와 홍련은 공포의 상징으로 통한다. 1924년에 제작된 김영환 감독의 〈장화홍련전〉을 시작으로, 1936년, 1956년, 1972년에 각각 홍개명, 정창화, 이유섭 감독이 『장화홍련전』을 바탕으로 영화를 만들었다. 여기에 원작과는 무관하지만 가족사 비극을 공포의 심상으로 원용한 2003년 김지운 감독의 〈장화, 홍련〉에 이르기까지, 장화와 홍련이 귀신이 되는 내력담은 한국 영화의 대표적인 공포물로 자리 잡았다.[5] 공포의 발원지가 가정이고 자살을 종용한 사람이 아버지이며, 모종의 가족적 음모가 연루되었다는 점에서 장화와 홍련의 이야기는 비밀스런 가족사 비극을 공포의 정서로 투명하게 감싸안아 드러내는 상상의 출구를 마련해놓았다.

고소설이든 영화든 '장화홍련'을 내세운 비극은 혈연으로 맺어진 양부모 가족의 스위트홈이란 환상적 로망을 부추긴다. 동시에 양부모 가족을 '정상 가족'의 전형으로 여기는 한국사회의 문화적 강박증을 보여주면서 '사악한 계모와 착한 전실 딸'의 비틀린 대결 구도를 통해 가족제도의 모순을 '여자들의 문제'로 협소화하는 문화적 왜곡을 강화한다. 이러

한 문제적 지형은 공포와 경이의 체험 이후의 비판적 독
해를 통해 환기된다.

비교적 최근작인 〈장화, 홍련〉2003에서의 왜곡된 가족
관계나 비틀린 심상이 주는 공포는 영화적 미학과 세련
된 구도, 시나리오의 잘 짜인 구조로 반향을 일으키며 공
포영화의 핫이슈로 회자되었다. 공포는 대상을 찬찬히
이해하도록 안내하기에 앞서 모든 이성과 논리를 압도
하는 충격으로 다가와 정확한 상황판단과 섬세한 사고
를 마비시킨다. 공포의 충격이 가해진 순간, 이성은 그
자리에서 얼어버린다. 이런저런 생각을 꿰맞춰보는 개
연성의 퍼즐놀이는 충격 이후 이야기를 되짚어가는 과
정에서야 비로소 가능해진다. 스토리를 아귀에 맞게 논
리화하는 것은 공포가 가신 뒤에야 가능한, 이성의 몫으
로 남겨진다. 요컨대『장화홍련전』의 핵심 코드는 '공포'
이며, 공포에 생기를 불어넣어 이야기를 풍부하게 하는
상상과 해석 작업은 공포가 어느 정도 가라앉은 순간에
야 작동한다는 뜻이다.

그렇다면 고전소설『장화홍련전』에서도 공포의 감성이
지배적이었을까? 장화와 홍련이 억울하고 분한 마음에
자살하고, 그 때문에 귀신이 되었으니 무서운 이야기임
에는 틀림없다. 그 무서움은 타인의 간섭을 불허하는 사
적 공간인 가정이 결코 안전하지 않으며, 오히려 참혹한
비극의 진원지라는 발견, 그리고 그 비극이 소설 속에 갇
힌 게 아니라 현실에서도 언제든 발생할 수 있다는 일상
성의 확인에서 생겨난다. 공포의 진원에는 가족사 비극

김지운 감독의 〈장화, 홍련〉
포스터, 2003

이유섭 감독의 〈장화홍련전〉
포스터, 1972

정창화 감독의 〈장화홍련전〉 포스
터, 1956

홍개명 감독의 〈장화홍련전〉 중 한 장면, 1936

이 가족 안에서 가장 무력한 존재인 약자로서의 미성년자, 처녀, 전실 딸을 희생자로 삼는
다는 문화적 합의가 자리해 있다. 바꾸어 말해 비극적 가정소설의 희생자가 전실 딸로 고
정되어왔다는 것은, 가족의 약자는 가권에 영향을 미칠 수 없는 미혼의 딸, 그를 보호할
친모가 없는 '처녀'라는 것에 대해 사회적 공감대가 형성돼 있었음을 뜻한다. 장화와 홍련
이 버전version을 달리하며 고소설로, 영화로 공포를 업데이트해온 것은 이러한 역사 문
화적 함의를 갖는다.

고전소설 『장화홍련전』이 환기하는 공포는 귀신이 되어 나타난 두 딸의 혼령을 목도하는
데서 그치지 않는다. 더 큰 충격을 안겨주는 공포스런 장면은 오히려 '사필귀정'과 '인과응
보'의 고전소설 문법에 충실한 후일담에 있다. 억울하게 죽은 장화와 홍련이 아버지와 셋
째 부인 사이에서 쌍둥이로 환생한 것이다. 후처의 계략에 빠져 딸들의 죽음을 방조했을
뿐더러 종용하기까지 한 아버지가 또다시 세번째 부인을 들인다는 발상부터 충격적이다.
나아가 그 사이에서 태어난 쌍둥이가 죽은 딸들의 얼굴로 강보에 싸인 모습은 『장화홍련

『장화홍련전』, 현실문화연구, 2007 | 딱지본의 원래 표지를 살린 책. 딱지본 소설은 조선시대에 사본과 목판본으로 전해오던 고소설을 근대적 납활자로 찍어낸 책을 가리킨다. 1910년대부터 1950년대까지 많이 간행되었다.

전」을 그로테스크한 스릴러물로 종결하기에 더할 나위 없는 설정이다.

장화와 홍련의 환생이 그들의 소망에서 비롯됐다는 것도 충격에 한몫을 보탠다. 장화와 홍련은 전생에 못다 한 부녀의 인연을 이루고 싶었다. 그들은 옥황상제께 빌어 모태를 바꾸어 환생한다. 당사자들의 소원이라지만 아버지로서는 쌍둥이를 볼 때마다 죄책감에 사로잡혔을 것이다. 그 죄의식은 딸의 불행을 방조한 가장으로서 받아야 할 심리적 처벌이었을 것이다. 그가 느꼈을 서늘한 공포와 뼈아픈 고통은 속죄를 위한 통과의례의 몫으로 남는다.

한편으로는 생물학적 혈연 가족의 희생물이었던 장화와 홍련이 결국은 또다른 혈연 가족의 일원이 된다는 발상 자체가 모순처럼 보인다. 같은 핏줄이 아니면 가족이 될 수 없다는 발상은 여전한 것이다. 여기에 계모와 친모의 경계가 모호해짐으로써 문제는 더 복잡해졌다. 세번째 부인은 장화와 홍련의 입장에서는 계모이지만 환생한 쌍둥이의 입장에서는 친모다. 결국 이런 환생은 본질적으로는 아무것도 해결하지 못한 것처럼 보인다. 아버지는 언제든 재혼할 수 있으며 계모는 계속해서 생겨난다. 환생한 장화와 홍련이 이번에는 부모의 사랑을 받는다면 그것은 '착한 계모'라서가 아니라 '생모'이기 때문이라는 해석이 가능해진다. 혈연 가족의 본질은 하나도 바뀌지 않은 것이다. 오직 혈연으로 맺어진 양부모 가족이 '정상'이라고 믿고, 이를 갈망하는 마음은 여전한 것이다.

그런 인식이 존재하는 한, 『장화홍련전』이 함축하는 가족사 비극과 공포는 사라지지 않는다. 장화와 홍련의 공포 코드는 살아 있지만 죽은 몸, 생기 있는 공포의 문화적 증거물이 되어 가족 심상을 부유하는 유동물로 자기 몫의 생을 연명하는 것이다.

4

자살한 여자,
귀신이 되다

조선시대 여성에게 '열'은 죽음을 불사하고 지켜야 할 윤리적 가치였다. 따라서 과부들이 자결을 택해 '열녀'가 되었던 현상의 이면에는, 여성의 정조에 대한 정치적 통제가 작동하고 있었음에 주목해야 한다. 여성의 목숨은 개인의 몸이기 이전에 사회적이고 정치적인 관리의 대상이었다. 남편이 죽은 여성은 자살을 통해 자신의 성性을 남편에게 바침으로써 성적 귀속의 단일성을 사회적으로 증명하려 했다.

자살 이야기는 여자의 것

'자살'을 바라보는 관점은 대개 이원화된다. 당사자의 입장과 이를 바라보는 관찰자, 또는 주변인의 입장이 그것이다. 대체로 자살에 대한 논의는 자살이 일어난 뒤에 이뤄지므로, 정작 당사자의 입장이 개입될 여지는 적다. 유서에 남긴 자살의 동기가 충분히 납득되어 승인받는 경우는 드물기 마련이다. 남겨진 유서조차 이런저런 해석의 대상이 될 뿐이다.

동서양을 막론하고 자살은 금기시되었으며, 그 이유의 저간에는 당대 사회를 지배하는 이념적 배경이 작용하고 있다. 예컨대, 기독교적 관점에서는 살인을 죄악으로 여겼기 때문에 자살은 사회적 범죄로 인식되었다.[6] 또 유교 문화권에서 부모에게 받은 생명을 스스로 저버리는 자살 행위는 패륜으로 간주되었다. 자살은 그 자체로 비난받기에 충분한 반윤리적 행위였다. 이러한 사회적 분위기에도 불구하고 자살을 택한 이들은 사회의 금기를 깨뜨릴 만큼 절박한 문제에 직면했거나 충분한 자기 정당화의 근거를 갖고 있었음이 분명하다.

그렇다면, 왜 자살하는가? 자살의 동기에 대한 분석은 개인적 관점과 사회적 관점으로 나뉜다. 전자를 대표하는 것이 프로이트의 관점이다. 그는 자살의 원인이 광기나 우울증, 신경쇠약, 자아분열 등 개인적인 것이라고 인식함으로써 이를 의학적, 병리학적 관점에서 다뤘다. 한편,『자살론, 사회학적 연구』의 저자 뒤르켕의 관점은 후자를 대표한다. 그는 자살을 사회적 현상의 하나로 파악해 이를 하나의 문화권에서 발생하는 집합적 징후로 간주했다. 그는 자살의 유형을 세 부류로 나눴다. 공동체의 권유나 찬양, 강요에 의한 이타적 자살, 사회적 압력이나 규범 등 외부적 요소에 적응하지 못해 발생하는 이기적 자살, 그리고 자살자가 처한 외부 영역과 내적 행동 영역의 상호 작용의 불일치 속에서 발생하는 아노미적 자살이 그것이다.[7] 예컨대 경제위기와 같은 사회적 혼란이 발생할 경우, 개인의 기대와 욕구의 조절, 가치판단 능력에 혼란이 오고 가치기준이 무너져 자살하는 경우가 아노미적 자살에 해당한다. 사회학적 관점에서 자살을 바라보는 연구들은 자살을 개인적 차원의 것으로 축소해서는 안 되며, 사회적 관계 속에서 자살의 원인과 문제점을 찾아야 한다고 생각했다. 그리고 이런 생각은 이제 어느 정도 보편화되어 받아들여지고 있다.

그럼에도 자살이 온전히 개인의 신체 영역 안에서 이루어진다는 점에서 여전히 자살을 개인의 문제로 축소시키는 경향이 있다. 그런 경향의 연장선상에서, 자연이 허락한 삶을 거부하고 주체 스스로 삶의 기한을 정하는 자살을 자율성의 표현으로 보는 극단화된 견해도 있다. 이런 시각에서 보면, 자살은 개인의 의지를 입증하는 수단으로 포장된다. 그 반대로 자살의 동기를 개인의 섬약한 성품이나 자기 치유력의 부족, 히스테리, 정신분열 등 심리적 요인이나 병리학적 요인으로 축소시키는 경우도 있다. 이때에도 자살에 대한 책임은 온전히 개인에게 전가된다. 나아가 자살은 삶의 운용에 실패한 주체의 파국 선언으로 수용된다. 그는 무책임하다는 사회적 비난을 감수해야 하거나, 사회 부적응자로 낙인 찍혀 동정의 대상이 된다. 이들 관점의 공통점은, 긍정적이든 부정적이든 자살을 사생활의 영역으로 수렴시킨다는 점이다.

자살을 사회적이고 집단적인 징후로 강조할 경우에도, 이를 사회에 대한 개인의 '적응'이라는 차원에서 접근할 경우, 개인은 결코 자살에 대한 책임으로부터 자유로울 수 없다. 사회 부적응에 대한 책임은 개인의 몫이기 때문이다. 그러나 특정 직업이나 조건, 성별군에서 유독 사회 부적응이 많이 발생하고 급기야 자살로 이어진다면, 이는 개인의 탓으로만 볼 수 없다. 왜 특정 집단이 다른 집단에 비해 자살률이 높은지 해명해야 하기 때문이다. 예컨대, 조선시대 야담에서 유독 자살자가 여성으로 한정되는 이유를 어떻게 설명할 수 있을까? 그들이 자살을 결심하게 된 상황과 그들이 처한 '사회적 장'을 이해할 필요가 있다.

왜 자살인가?

자살의 동기를 분석하려면 당사자의 입장에 대한 이해는 물론, 그가 살아간 '사회적 장'에 대한 분석이 수반되어야 한다. 무엇보다 자살이라는 사회적 현상을 '이해'하기에 앞서 섣불리 '평가'하고 '재단'하려 해서는 안 된다. 지금까지 그러한 문화적 관습이 자살의 심층 분석 자체를 방해해왔기 때문이다. 비록 본인의 자유의지로 자살했을지라도 그 이면에는 개인이 감당하기 어려웠던 사회적 강박이나 집단적 강요가 자리하고 있었을 가능성이 크다. 어떤 형태의 자살이든 주체가 뿌리 내린 사회와의 상관성이 개입되기 때문이다.

자살에 대한 최근의 연구 보고에 따르면 실제로 자살은 취약성 요인과 촉발사건의 상호 영향력 속에서 일어난다고 한다. 개인, 가족, 사회적으로 취약한 부분이 있고 여기에 부정적인 사건이나 위기가 접속했을 때 자살이 발생할 수 있다는 것이다. 취약성 요인에는 개인적, 가족환경적, 사회환경적인 요인이 포함되며, 촉발사건으로는 좌절경험과 개인적 문제 행동에 의한 위기사건, 대인관계 사건이 포함된다. 이에 따르면 자살에는 개인적, 사회적 요소가 개입되고, 이를 직접적으로 촉발하는 사건이 있을 때 발생한다.[8] 그러나 사회적 요인과 무관한 도피성 비관자살도 여전히 존재한다.[9] 자살의 원인을 어느 것 하나로 단순화해서 해석할 수 없다는 뜻이다.

최근 한국에서의 두드러진 특성은 경제적 요인에 따른 빈곤층의 자살이 급증했다는 점이다. 극빈층이 모두 자살을 택하는 것은 아니므로 자살에 개인의 상황적, 심리적, 병리적 요인 또한 작용했을 것이다. 하지만 빈곤으로 인한 자살에는 경제 구조의 변화와 새로운 빈곤 계층의 등장이라는 사회적 문제가 개입되어 있음은 부정할 수 없다. 이와 아울러 최근에는 사회의 중추세력인 30~50대의 자살률이 증가하고, 청소년의 자살률도 높은 것으로 보고되었다.[10] 고령화 사회를 맞아 노인 자살률이 급등하는 것도 최근의 추세다.[11] 사이버 공간에서의 악성 댓글에 상처 받은 연예인의 자살도 종종 발생해 사회에 충격을 주고 있다. 이처럼 세대를 막론하고 증가하는 자살은 세대별, 집단별, 시대별로 차별화된 동기가 작용한다. 예컨대, 청소년의 자살 동기가 학교와 사회환경 요인, 가족환경 요인, 개인적 요인의 순으로 분석된 반면, 성인의 경우, 개인적 요인이 가장 높은 빈도를 보인다.[12]

그렇다면 조선시대 야담에서 유독 '여성의 자살'만 이야기되는 현상을 어떻게 해석할 수 있을까? 자살을 전적으로 개인의 선택으로 보고, 개인의 취약성에서 원인을 찾을 경우, 여성의 자살률이 높은 것은 여성의 정신력이 약하다거나 여성에게 유전적 결함이 있기 때문이라고 봐야 할 것이다. 그러나 야담에 등장하는 자살한 여성들은 오히려 주관이 뚜렷했고 자의식이 강했다. 자살한 여성에게 유전적 결함이 있었다는 근거도 없다. 분명한 것은 이들이 자살을 촉발하는 사건에 직면해 있었다는 점이다. 그 사건은 여성 자신에게서 비롯되기도 했지만, 외부에서 강제된 경우가 많았다.

자살이 개인적 요인과 촉발사건의 상호 영향관계 속에서 이루어진다는 연구 결과에 따르면, 촉발사건만으로 자살의 원인을 규명하는 것은 불완전하다. 그렇다면, 조선시대 여성의 자살을 유발한 요인으로 개인이 직면한 개별적인 사건 이외에 또다른 문화사회학적 이유가 있는 것은 아닐까?

자살 권하는 사회

자살은 폭력적 죽음의 일종이지만,[13] 형법상의 범죄가 될 수 없고 따라서 처벌되지 않는다. '사람의 살해'를 처벌대상으로 삼는 형법 규정에서 '사람'이란 타인을 뜻하기 때문이다. 스스로 생명을 끊는 것은 '살해죄'의 처벌 규정을 벗어나 있다. 그러나 그런 법리를 떠나서, 자신의 생명을 보호하는 것은 인간사회의 가장 기본적인 의무이므로 자살은 이를 저버린 행위로 볼 수 있다. 또 자살은 혼자만의 죽음을 넘어서 비슷한 성향을 지닌 사람이나 같은 환경에 처한 사람에게 전염되는 경향이 있으므로, 사회적으로 불온하고 위험한 행위로 간주된다.[14] 범죄는 아니지만 위해적인 폭력성을 내포한 요인이라는 점에서, 또 모방의 전례를 남긴다는 점에서 자살은 사회적 통제의 대상으로 거론된다.

조선시대에도 여성의 자살이 문화적 유행처럼 번진 사례가 있다. 남편을 잃은 여자들의 자결이다. 남편을 따라 죽는 여자에게는 '열烈'의 칭송을 내리고 그 가문에 정려문을 내려주었다. 정절을 지켜 죽는 여자들을 '열녀'로 호명하는 것은 자살을 공인하는 사회적 격려와 같았다. 보통 자살에는 '패배와 좌절의 선언'이라는 부정적인 꼬리표가 따라붙기 마련이었다. 그런데 정절녀의 자살에는 그런 어두운 측면이 거둬져 있다. 대신 홀로 남은 여성의 자결은 영광의 이름이자 가문을 빛낼 명예의 상징으로 옹호되었다. 그런 문화적 문맥 속에서 과부들의 자살은 더이상 개인의 선택이 아니라, 차라리 사회적 강요라 할 수 있었다.

조선시대 여성에게 '열'은 죽음을 불사하고 지켜야 할 윤리적 가치였다. 따라서 과부들이 자결을 택해 '열녀'가 되었던 현상의 이면에는, 여성의 정조에 대한 정치적 통제가 작동하고 있었음에 주목해야 한다. 여성의 목숨은 개인의 몫이기 이전에 사회적이고 정치적인 관리의 대상이었다. 남편이 죽은 여성은 자살을 통해 자신의 성性을 남편에게 바침으로써 성적 귀속의 단일성을 사회적으로 증명하려 했다. 뒤르켕의 분석을 따르자면 이는 이타적 자살에 속한다. 정절을 위한 자결은 사회적 찬양으로 포장되고 암묵적 권고와 강요 속에 이루어졌기 때문이다. 한편, 뒤집어 생각해보면 여성의 성은 오로지 죽음으로 지켜내야 했을 만큼 도처에서 위협받았으리라는 점을 짐작할 수 있다. 정절을 지키기 위해 자살을 택했다는 사실에는 여성의 정절이 언제라도 타인에 의해 위협받을 수 있다는 가능성이 함축되어 있기 때문이다.

고소설에 나타난 자살의 상상도

야담보다는 향유층의 저변이 넓었던 고소설을 대상으로 자살의 서사를 살펴보자. 야담은 대부분 한문으로 쓰였지만 고소설의 주된 표기 수단은 한글이었기 때문에 한문을 모르는 독자들도 쉽게 읽을 수 있었다. 따라서 고소설이 야담에 비해 폭넓은 독자층을 확보하고 있었다고 볼 수 있다. 또한 고소설은 목판본으로 출간되었고, 조선 후기의 서울에는 요즘의 도서대여점이라 할 수 있는 세책점에서 값을 치르고 빌려볼 수 있는 문화상품이기도 했다.

고소설에는 주인공들이 자살 충동을 느끼거나 실제로 자살을 기도하는 이야기가 전한다. 줄거리가 정리된 고소설 865편을 대상으로 분석한 결과, 자살 일화가 나오는 작품은 그중 112편으로 전체의 13퍼센트를 차지한다.[15] 자살 기도자는 모두 147명으로, 한 사람이 여러 번 자살 기도를 하는 경우도 있기 때문에 횟수로 따지면 총 156회의 자살이 발생한다. 이 중에서 여성 자살을 다룬 작품은 103편이다. 자살을 시도한 여성 인물은 모두 128명이고 총 횟수는 141회다.[16] 남성 인물의 자살을 다룬 것은 총 16편이며, 자살자 수는 19명이고 횟수도 같다. 자살 시도는 하지 않고 자살 충동만 표현한 작품은 4편이다.

고전소설에 나오는 자살자의 성비는 여성이 87퍼센트, 남성이 13퍼센트로 여성의 비율이 압도적으로 높다. 이는 여성 인물의 고통과 슬픔, 좌절이 남성보다 크고, 문제 해결력이 부족했다고 인식했음을 뜻한다. 당대에, 비극적인 정서는 곧잘 여성적인 것으로 연결되곤 했다. 이는 비통의 정서가 '수동성'과 '무방비한 문제 해결력' 등 여성이 처한 현실적 문제와 짝을 이루었기 때문이다.

자살하는 여성들은 다른 해결책이 없었기 때문에 죽음을 택한 것으로 나타났다. 여성 인물은 극대화된 고통과 절대적인 슬픔 속에 자살했고, 작중 인물들은 자살하는 여주인공을 비난하는 대신 눈물 흘리며 동정과 연민을 표했다. 이런 이야기 구도는 자살한 여성의 고통과 슬픔에 자연스레 감정을 이입하게 하면서 비정한 현실, 모순적 세계에 대한 비판 의식을 이끌어냈다.

안전 불모 지역, 훼절 위기의 여성 자살

고소설에 나타난 여성 인물의 자살을 원인과 유형에 따라 분류하면 다음과 같다.[17]

여성 인물의 자살 원인은 생명의 위협을 피하기 위한 '위기모면형'이 전체의 53퍼센트로 가장 많다. 가문의 정적政敵이나 도적의 추격과 살해 음모 등으로 생명의 위협을 받았을 때도 자살했지만(9퍼센트), 그보다 훼절의 위기(29퍼센트)나 강제혼의 위기(15퍼센트)에 처했을 때 자살하는 비율이 더 높다. 정절 이데올로기가 지배하던 시대에 훼절은 사실상 여성의 사회적 죽

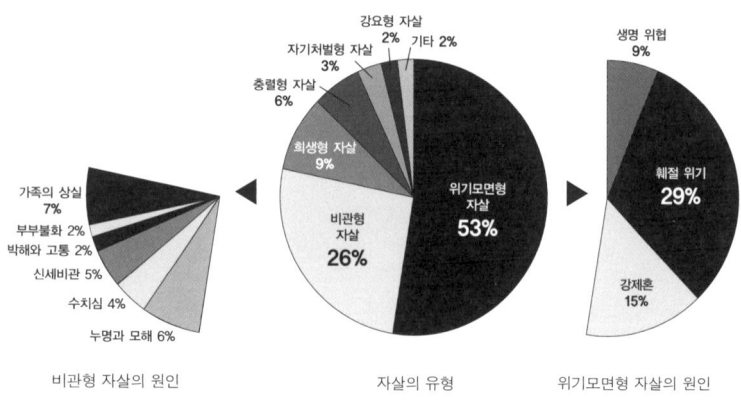

비관형 자살의 원인   자살의 유형   위기모면형 자살의 원인

음을 의미했기 때문이다. 집을 나온 여성이 쫓겨다니고 훼절 위기에 놓인다는 발상은 '집 밖'의 세계가 여성에게 성적 가해를 입힐 수 있는 위험한 세계로 상상되었음을 보여준다.

그다음으로는 '비관형 자살'이 전체의 26퍼센트를 차지한다. 이때 여성을 파국으로 모는 고통의 진원은 가족이고 그 환경은 가정이다. 가정에서 비롯된 자살의 원인으로는 가족의 죽음이나 가족과의 이별, 부부불화, 가족의 박해, 신세 비관, 누명과 모해 등이 있다. 당대 여성의 주요 활동 공간이었던 가정조차 여성에게 가해적이고 위협적인 공간으로 상상되었음을 보여준다.

다음으로 빈번하게 나타나는 자살 유형은 9퍼센트를 차지한 '희생형 자살'이다. 이는 국가나 주인에 대한 충, 부모에 대한 효, 남편에 대한 열을 지키기 위해 '대신' 죽는 자살이다. '충'을 위해 희생적 자살을 택하는 주체는 모두 여성 인물의 여종이다. 그 밖에 시어머니와 친부를 위해 죽는 '효'의 사례가 있다. '열'을 위해 자살을 택하는 경우는 모두 아내가 남편을 위해 대신 죽는 경우다. 형식은 '자살'이지만 본질적으로 '타살'이다.

한편, 전체적으로 봤을 때 여성 자살의 경위에 '훼절 위기'와 '강제혼'이 개입된 경우가 전체 자살률의 44퍼센트를 차지한다는 점은 주목할 만하다. 정절 위기가 가장 유력한 자살의 동기로 상상된 것이다.

살아 있다는 가능성, 남성 자살의 축소지향성

고소설에 나타난 남성의 자살 비율은 여성에 비해 월등히 낮다. 이야기에서 상상된 남성 자살의 유형은 다음과 같다.[18]

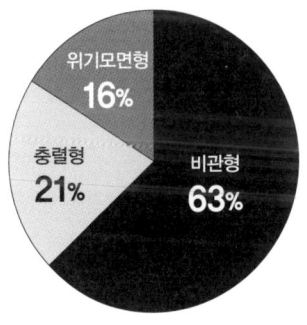

남성 인물이 자살을 시도하는 일은 여성에 비해 현저히 적고 그 이유도 다르다. 자살 유형도 비관형이 전체의 63퍼센트로 가장 큰 비중을 차지한다. 비관형 자살의 구체적인 원인은 정치적 모함이나 참소, 망국의 한, 좌절된 사랑 등이다. 다음으로는 충렬의 이념을 지키기 위해 자살하는 경우가 21퍼센트, 정적이나 도적의 살해 위협이 원인이 된 위기모면형이 16퍼센트다.

남성 자살의 비중이 낮은 것은, 남자는 아무리 힘들 때라도 살아 있기만 하다면 문제를 해결할 가능성이 있다고 판단했기 때문이다. 여성의 경우, 사회적 활동 영역이 가정으로 제한되어 있었고, 그조차 완전히 안전하지 않았다. 때문에, 위기에 처한 여성들은 자결이라는 파국을 택할 수밖에 없었다. 그러나 남성 인물들은 '살아 있음' 자체가 문제 해결의 가능성으로 받아들여졌으므로 여성 인물에 비해 자살률이 현저히 낮았다.

극한의 서사, 고전 서사의 자살담

고전소설의 서사는 삶의 지평 위에서 전개될 때가 많지만, 간혹 '살해'나 '자살'로 충격적인 삶의 종료를 보여주는 극한의 서사가 존재했다. 소재 또한 다양하여 심리적 박해와 학대, 잔인한 신체적 가해와 폭력, 납치와 살인 독살, 교살, 장살, 수장, 청부살인, 타인의 정체성을 왜곡하는 모함과 저주, 방화 등 외부적 폭력에서부터 스스로에게 행하는 자해와 자살에 이르기까지 잔혹하고 공포스러운 서사는 독자들을 자극하기에 충분하다. 소설 속 세계에는 온갖 폭력적 요소가 잠복해 있다가 인물들의 일상을 지배하기 시작하는 것이다.

살인사건의 경우, 가해자의 욕망 성취를 방해하는 인물을 살해하는 경우가 가장 많다. 소설 속의 살인자는 현실을 왜곡시키는 불온한 인물로 상정되며, 그는 징벌받아야 할 대상으로 여겨진다. 살인도 불사하는 등장인물의 질투심과 잔인한 폭력으로 표현되는 욕망의 내력이 이야기 속에 가감 없이 드러나 독자를 자극한다. 바로 이러한 자극성과 선정성이 조선시대 소설 배척론의 근거가 되는 동시에 독자를 유인하는 요소가 되었다.

그 가운데에 자살 서사가 있다. 타인을 살해하는 이야기는 그 잔혹한 폭력성 때문에 도덕적 거부감을 수반한다. 살인자는 당연히 악인이며 복수의 대상이자 법적 처벌의 대상이 된다. 그에 반해 자살한 자에 대한 반감이나 분노는 찾아보기 어렵다. 자살자는 언제나 선량해 독자의 동정을 유발한다. 그는 개인이 감당할 수 없었던 갈등의 심각성과 깊이를 노출시킴으로써 독자를 비극의 파토스pathos로 안내한다.

18, 19세기 야담십에도 '자살담'이 존재한다. 이때 주인공은 모두 여성이다. 이는 당시의 사회사적 현상을 반영하는 것이라기보다는, 상상된 현실, 서사적 실재로 한정 지어 이해하는 것이 온당하다. 또한 야담의 주요 향유층이 사대부 남성이었기에, 자살 주체인 여성이 남성적 시선에서 서술되었음을 주목해야 한다.

야담에서 여성이 자살하는 이유는 크게 두 가지로 나눌 수 있다. 하나는, 신분제의 모순과 근친상간의 공포에 사회적으로 대응하기 위해 자살을 택하는 것이다. 이 경우, 여성의 자살은 현실에 대한 좌절과 패배의 표현이다. 이때 그들이 귀신으로 부활해 다시 목소리를 내는 일은 발생하지 않는다. 그러나 여성을 죽음으로 몰아간 부조리한 현실에 대한 징계는 반드시 뒤따른다. 유능한 관리가 억울하게 죽은 여성의 명예를 회복시켜줌으로써, 상상 속에서나마 그들의 죽음을 보상한다.

다른 하나는, 사랑을 거절당하거나 질투심이 극에 달해 자결하는 것이다. 이런 이야기에서는 여성의 자살 이후 상대 남성이 요절하거나 몰락하는 등의 불우한 후일담이 첨가된다. 그의 불행한 최후는 여인의 죽음에 대한 서사적 처벌이다. 설령 자살이 개인의 선택일지라도 그 이면에는 자살자를 향한 사회적 강박이나 집단적 강요가 있었다고 생각한 것이다.

강요된 희생

삼강의 덕목에 희생된 여종

조선시대를 지배했던 윤리적 가치는 충, 효, 열로 대표되는 삼강三綱의 덕목이다. 국가 이데올로기였던 '충'이나 가족 이데올로기였던 '효'와 '열'의

가치는 사대부만이 아니라 온 백성에게 강요되던 국가적 덕목이었다. 이는 세종 16년1434에 간행된 『삼강행실도』의 전국적 보급을 통해 강화되었다. 이 책은 한문과 한글로 써내려간 것으로 문자를 알지 못하는 일반 백성을 위해 그림으로도 내용을 설명했다.

삼강의 덕목은 사회 질서를 유지하기 위한 이념적, 사상적 근거였다. 그런데 이데올로기의 속성상 지배층이 생각하는 '사회 질서'를 공고히 다지기 위해서는 소수자에 대한 배제와 소외의 논리도 공존할 수밖에 없었다. 이념의 희생자들은 사실상 지배 문화를 유지하는 데 필요불가결한 존재였다. 지배층은 자신을 위해 희생한 소수자들을 '충신' '효자' '열녀'라는 미명으로 옹호하고 기림으로써 자신들의 문화 논리를 강화해나갔다. 그런데 그 과정에서 희생자로 선택되는 자들은 대부분 신체적 약자로서 사회가 주는 혜택에서 소외된 이들이거나, 윤리적 강박으로부터 자유로울 수 없었던 하층민이었다. 이런 점에서 비극이 생겨난다.

『청구야담』 41화에 실린 「아버지의 목숨을 살린 충비가 삼절을 이루다救父命忠婢完三節」가 바로 그 예다.

서울에 사는 한 선비가 자기 소유의 노비가 살고 있는 선산善山, 경상북도 선산군으로 몸값을 받으러 갔다. 노비의 수가 꽤 많았는데 가장 부유한 종의 딸인 향단이가 눈에 띄었다. 선비는 향단이를 총애하느라 집에 가는 것도 잊고 있었다.

종들은 선비를 죽일 계책을 세우고 거사를 치를 날짜를 정했다. 향단이 가 이 일을 알았다. 그날 밤, 향단은 선비와 온갖 희롱을 다하더니 옷을 바꿔 입자고 했다. 그러다 문득 울기 시작했다. 선비가 이상해서 이유를 묻자 사정을 털어놓았다. 친척들이 오늘 밤 선비를 죽일 계책을 꾸몄으니 여자 옷을 입고 도망치라는 것이다. 탈출에 성공하면 자기 아버지만은 꼭 살려달라고 당부했다. 말을 마치고 눈물을 흘리자 선비도 몹시 슬퍼했다.

과연 잠시 후 밖이 소란스럽더니 "여자는 나와라!" 하고 외치는 소리가 들렸다. 선비는 여자 옷을 입고 곧장 관아로 달려가 사정을 고했다. 수령은 장교와 군졸들을 이끌고 마을로 달려가 관련자들을 모두 결박했다. 여자는 이미 죽어 있었고 방 안에는 피가 낭자했다.

수령은 즉시 상부에 보고해 노비들을 모두 처형했다. 그러나 선비의 청으로 향단의 아버지만은 살 수 있게 주선해주었다.

아! 이 여자는 주인을 위해서는 충을 이루었고, 지아비를 위해서는 열을 이루었으며, 아버지를 위해서는 효를 다하였으니, 일거에 삼강 三綱을 갖추었던 것이다. 이에 본 읍에서는 비와 정문을 세워주었다.

—『청구야담』

여종에게는 자신의 목숨보다 남편과 주인, 아버지가 소중하다는 판단이 확고하게 각인되어 있다. 그녀에게는 같은 처지인 노비들에 대한 연대감보다 한 남자를 섬긴 여자, 주인의 노비라는 정체성이 더 강하다. 그런 이유로 동료를 배반하면서까지 자신의 도리를 다하려 했던 것이다. 이 여종의 의식 속에는 충, 효, 열의 이데올로기가 깊이 자리 잡고 있다. 실제로 향단의 희생으로 생명을 구한 것은 선비와 아버지 등 남성이다. 결과적으로 남성 중심의 이데올로기에 희생된 여성상을 보여준 것이다.

그런데 이 여인이 보여주는 충과 열 의식은 기존에 형성돼 있던 관념과는 많은 차이가 있다. 국가에 대한 '충'의 관념이 '주인'에 대한 '복종'의 관념으로 수용되었으며, '정절 의식'의 표현이었던 '열' 관념이 남편을 살리기 위한 희생 관념으로 변질되었다. 여인은 충과 열을 실천하는 과정에서 주체로서의 자기의식보다는 주인과 남편에 대해 복종하는 타자로서의 자기의식을 보여주었다. 향단은 자기 한 몸을 희생해 세 사람의 목숨을 구하겠다는 인륜적 차원에서 죽음을 감행한 것이 아니다. 오히려 그는 남성 중심적인 가족 이데올로기에 사로잡혀 자신의 목숨을 포기한 희생양에 가깝다.

더욱 중요한 것은 마을 사람들이 여인을 기리기 위해 비와 정문旌門, 충신, 효자, 열녀 들을 표창하기 위해 그 집 앞에 세우던 붉은 문을 세웠다는 점이다. 나아가 서술자는 여인이 삼강의 도리를 지켰다고 찬탄했다. 여인의 희생은 칭찬과 기림의 대상이 된 것이다. 누구도 여인이 죽음으로 내몰린 상황을 되짚어보거나 반성하지 않았다.

그러나 여인의 죽음이 사실은 강요받은 것에 가까웠으리라는 정황은 선비와의 관계만 살펴봐도 추측할 수 있다. 과연 이들 관계의 진실은 무엇이었을까? 관계의 시작을 살펴보면, 이야기는 향단의 미모에 반한 선비의 반응과 처신에만 주목했음을 발견하게 된다. 선비에 대한 향단의 마음은 알 길이 없다. 실제로 선비에게 향단이 쾌락 이상의 존재였을 가능성은 적다. 선비가 진실로 향단을 사랑했다면 자기 대신 죽게 방치했을 리 없다.

그렇다면 여인은 선비를 사랑했을까? 여인의 유언은 주인을 위해 대신 죽을 터이니 아버지를 살려달라는 내용이 전부다. 주인을 상대로 '감히' 사랑을 표현할 수는 없었기 때문인지, 자신의 속마음에 대해서는 그 어떤 말도 남기지 않았다. 다만 여인은 남자와의 마지막 육체관계를 통해 자신의 마음을 전했다. 서술자는 사건이 나던 날 밤 여인이 평소보다 한층 더 선비와 쾌락을 즐겼다고 적었다. 죽기 전에 나누는 마지막 관계라는 점에서 공포와 슬픔, 절실함이 교차된 복합적 감정이 오갔을 것이다. 여인의 마음은 말로 직접 표현되는 대신, 육체관계를 통해 전달되었다. 그러나 이것이 여인의 욕망 때문인지, 사랑 때문이었는지, 아니면 이 역시 주인에 대한 충심의 표현이었는지는 분명치 않다.

여인의 속마음을 자세히 알 수 없지만, 주인을 향한 충심과 아버지에 대한 효심 때문에 죽음을 택한 것만은 분명하다. 문제는 그녀를 총애했지만, 굳이 희생은 만류하지 않았던 남자에게 있다. 서술자 또한 남자의 반응을 세밀히 묘사하는 대신 "슬퍼했다"는 간결한 표현을 썼다. 혼자 살아남은 남자가 느끼는 회한이나 탄식이 누락되었으며, 서술자 또한 이를 비판하지 않았다. 이러한 시선이야말로 당대의 '남성 중심주의'에 대한 비판의 부재를 입증해준다. 여인의 모호한 진심은 주인을 위한 충, 남편을 위한 열, 아버지

를 위한 효로 포장되어 노비의 말없는 죽음, 슬픔의 자리에 거룩한 영광의
묘비로 봉합된다.

남편과 주인 사이에서 죽음을 택하다

『기문총화』에 실린 노비의 딸 이야기는 주인에 대한 복종과 남편에 대
한 정절 사이에서 자살을 택할 수밖에 없었던 여인의 갈등을 보여준다.

한 선비가 추노推奴, 외거 노비를 찾아가서 몸값을 받던 일하러 경상도에 갔다
가 여종을 마음에 두었다. 하지만 이미 혼인한 여자였다. 선비가 강제로 여
자를 낙동강까지 데려가자 남편이 따라왔다. 여인은 자신의 마음을 시로 적
어 남편에게 건네고 강물에 뛰어들어 죽고 말았다.

위엄은 눈서리와 같고 신의는 산과 같아 威如霜雪信如山

가기도 어렵고 안 가기도 어렵네 欲去鳴難不去難

고개 돌려 낙동강 바라보니 물결만 푸르네 回 楞拭頓겁(p)

이 몸이 위태로운 곳에 마음은 편하구나 此身危處此心安

　　　　　　　　　　　　　　　　　　　　　—『기문총화』

조선시대에 종은 주인의 재산으로 간주되었으므로, 여종이 주인으로부

터 정조를 지키기는 어려웠다. 물론 법적으로는 종의 혼인관계는 제삼자가 침해하지 못하게 되어 있었고, 양반이 혼인한 여종에게 성적으로 접근했다가 맞은 일도 있었다. 그러나 주인과 여종 사이에서 이 같은 엄격함은 통하지 않았다. 『경국대전』에 역모죄 외에는 자식이 부모를, 아내가 남편을, 종이 주인을 고발하면 고발당한 자의 죄의 유무를 막론하고 고발한 자를 교수형에 처하도록 명시되어 있었기 때문이다. 그런 이유로 여종이 주인의 강제적인 성적 접근에 대해 법적으로 보호받을 길은 없었다.[19]

이야기 속 여인은 주인의 위엄과 남편에 대한 신의 사이에서 갈등하다가 결국 죽음을 택한다. 이도 저도 쉽게 정할 수 없는 감정의 기로에서 자멸을 택한 것이다. 여종에게는 남편이 있었지만, 선비는 욕망을 채우기 위해 여종을 빼앗는 '주인'의 권력을 행사했다. 여종의 인권이 존중되지 않던 시절의 이야기다. 이 여종은 비록 천한 신분이었지만 자신의 마음을 시로 표현할 정도의 감수성과 지적 소양이 있었다. 그러나 그렇다고 신분의 벽을 뛰어넘을 수는 없었다.

조선 후기에는 주인집에서 달아난 노비들이 땅을 얻어 경제력을 갖추고 사는 경우가 빈번했다. 그런데 이들을 잡으러 오는 주인에게 발각되면 상당한 비용을 지불하고 속량되거나 이야기처럼 자신의 아내마저 빼앗기는 일이 부지기수였다. 이는 조선시대에 노비의 개별적 인권이 보장되지 않고, 노비가 양반가의 소유물로 간주되었기 때문이다.

서술자는 이야기의 마무리에서 "그녀는 다만 재주가 있었을 뿐만 아니라, 절개가 있어 열녀전에 실을 만하다"고 적었다. 여자가 느꼈을 슬픔이나 고통, 상처를 헤아리는 대신 남편을 위해 죽었다는 외적 명분에만 관심을 두었다. 여인은 분명 '열녀'로 칭송받았을 것이다. 그러나 누구도 자살한 이의 고통을 헤아리지 않았고, 그의 고통을 사회적으로 치유하려 하지 않았다. 오히려 '열녀'라는 명칭으로 포장된 표면적 보상은 여인이 겪었을 고통의 흔적을 탈색시키는 망각의 기제로 작용했다.

세상이 버린 여자, 세상을 버리다

자기의식이 강한 자는 태생적으로 개성 강한 삶을 살 수밖에 없다. 그는 사회에 일방적으로 자신을 맞추려 하기보다는 대화를 원하며, 때로는 사회에 맞서 자신의 뜻과 의지를 관철시키려 한다. 강인한 자기의식이 사회의 목적이나 의지와 부합한다면 문제 될 게 없다. 하지만 그 반대라면 그는 무소의 뿔처럼 혼자서 삶을 헤쳐가며 자기 앞의 외로움을 감당하거나, 뜻이 맞는 벗을 찾는 수고를 자처해야 한다. 그것도 여의치 않으면 새로운 세계를 창조하여 현실화하는 작업에 착수해야 한다. 그러나 원천적으로 이 모든 상황을 '선택'할 수 있는 것이 아니라 사회에 적응하는 일이 '의무'나 '강요'로 주어진다면 이야기는 달라진다. 그가 할 수 있는 최종 선택은 그토록 고집하던 자의식을 버리든가, 아니면 그가 속한 사회를 버리는 일이다. 후자의 경우, 그를 받아줄 또다른 사회가 없다면, 그에게 남은 것은 죽음뿐이다.

그 죽음은 선택이 아니라 강요된 것이라는 점에서 사회적 폭력성의 그림자를 드리우는 것이다.

다음 이야기는 수청을 거절하고 자살한 양반의 서녀인 기생 이야기다.

전관불水關不은 무인武人 전태현全台鉉이 평안도 만포滿浦의 첨사僉使로 있다가 기생과 관계해 낳은 딸이다. 그는 줄곧 기생 수청을 거부했으나 아전과 백성이 권하는 술에 흠뻑 취해 그들이 들여보낸 기생과 관계해 딸을 낳았다. 조선의 옛 풍습에 변방의 수령이 기생과의 사이에서 자식을 얻는 것은 떳떳한 일이 아니었다. 아비인 전태현은 딸을 어미에게 맡기고 양육이나 혼사에는 일절 관여하지 않았다. 그는 딸을 사랑했지만 감히 드러내어 자랑할 수 없었기 때문에 이름을 '관불'이라고 지었다. 내 소생이지만 나와는 상관없다는 뜻이다.

관불이 태어난 지 몇 해 되지 않아 임기를 마친 태현은 기생과 딸을 남겨두고 혼자 서울로 돌아왔다. 그 뒤로 모녀의 소식을 모르고 지내다가 나이가 들어 세상을 떠났다.

세월이 흘러 열여섯이 된 관불은 당대의 관습대로 어머니의 뒤를 이어 기생 명부에 이름을 올렸다. 아전과 탕아의 수청 요구가 쏟아졌지만 관불은 모두 물리쳤다. 당시의 첨사도 관불의 미모에 반해 수청을 명했지만 관불은 죽기를 맹세하고 따르지 않았다.

"아버지는 비록 무인이었지만 벼슬하는 집안이었다. 내 비록 천생이지만 근본은 양반이 아닌가? 아버지의 딸로서 부끄러운 일을 할 수는 없다. 아버지의 뼈와 피를 더럽히느니 차라리 자결하는 게 낫다."

이에 손가락 끝을 깨물어 관아 뒤의 바위에 "전관불이 강물에 몸을 던져 죽노라"고 혈서를 쓰고는 빠져 죽었다.

첨사는 이 소식을 듣고 벼슬을 버리고 돌아갔다. 결국 이 일이 조정에 알려졌다. 사건의 진상을 파헤치기 위해 담당자가 일곱 번이나 교체된 끝에 드디어 사정이 밝혀져 첨사는 처벌을 받았다. 전관불에게는 정려가 내려져 열에 대한 포상을 받았다.

—『양은천미』

이야기 속의 관불은 어미가 기생이다. 조선시대 기생은 종모법에 따라 어미의 신분을 따라야 했다. 즉 아비의 신분과 관계없이 어미가 기생이라면 그 딸도 기생이 되는 것이다. 하지만 관불은 자신을 양반의 딸로 생각했다. 공적으로는 엄연히 기생이었지만, 스스로 기생이 되기를 거부했다.

관불은 마치 『춘향전』의 주인공처럼 사회가 부여한 정체성보다 스스로 형성한 정체성에 의미를 두었다. 그는 아버지에게서 자신의 정체성을 찾았다. 그러나 엄격한 신분제 사회였던 당대의 제도적 관습에 따라 그는 기생의 길을 피할 수 없었다. 춘향이가 변사또의 수청을 거부했던 것처럼, 관불도 첨사의 수청을 거절했다. 본래 수청이란 지방관의 살림을 돕는 것을 의미했지만 잠자리 시중을 드는 것이 관례였고 이에 대한 법적 통제는 사실상 불가능했다. 수청을 요구하는 첨사의 행위는 당대의 문화적 관습으로 볼 때, 명백한 '악행'이라기보다 그저 하나의 관행에 불과했다. 그런데 관불에게는 자신을 구해줄 이도령이 없었다. 말하자면 관불이 수청 거절을 사회화할 수 있는 힘은 전혀 없었던 것이다. 관불이 자결을 결심한 이유가 여기에 있다.

첨사의 수청 요구에 대해 관불은 그 어미의 삶을 반추했을지도 모른다. 젊은 시절 첨사를 모신 탓에 일생토록 홀로 딸을 기르며 고생한 어머니의 전철을 밟고 싶지 않았을 것이다. 그녀는 끝내 아버지의 세계와 합일하지 못했고 자결함으로써 사회의 통념에 저항했다.

전관불의 죽음은 당시 평양 일대의 이슈가 되었던 모양이다. 관련자를 처벌하라는 상부의 명령이 내려졌으나 자초지종이 분명치 않아 무려 일곱 번이나 관리가 교체되었다. 변방의 관리에게 기생 수청은 허용되었지만, 성적 강요는 금지사항이었다. 그럼에도 불구하고 기생에 대한 성적인 강요는 일상적으로 일어났다. 기생 수청을 거부했던 전관불의 아버지조차 아전과 백성의 강권으로 기생과 성관계를 맺었던 것이다. 기생이 관리의 수청 요구를 거부할 권리는 보장되어 있지 않았을뿐더러, 정식으로 의사를 전할 통로도 없었다.

관불의 자살에 대한 수사가 일곱 차례나 시행된 데에는 상층 관리를 수사 대상으로 삼기 어려웠다는 점과, 관불의 죽음을 방관하고 부추긴 동시대인으로서의 집단적 죄의식, 그로 인한 은폐 본능이 작용했을 것이다. 관불이 익사한 정황이 여러 번 왜곡되는 가운데 직접적인 사인을 밝히기가 점점 어려워졌을 것이다. 하지만 끝내 진상은 밝혀지고 첨사는 군역을 받게 된다.

문제는 전관불에게 정려가 내려졌다는 점이다. 그 명분은 '열'에 대한 포상이다. '열'이란 대체로 남편에 대한 아내의 도리로 알려진 덕목이다. 전관불에게 남편이 없었음에도 그가 '열'의 포상을 받았다는 사실은 부적절해 보인다. 이는 일차적으로 여성에 대한 수식어의 부재에서 비롯된다. 여성을 칭송하는 어휘가 다양하지 않았기 때문에, 모범이 될 만한 여성에게 '열녀'라는 범칭을 사용한 것이다. 그러나 관불의 경우, 군이 '열'이라 한다면 그는 남편이 아니라 아버지에 대한, 그리고 자기 자신에 대한 열을 지킨 것으로 이해해야 할 것이다.

관불을 정려한 또다른 이유로는 그녀의 자살에 대한 집단적 공포와 죄의식을 들 수 있다. 기생에 대한 관리의 수청 요구는 적법했지만, 성적 강요는 불법이었다. 관불은 바로 그 성적 강요에 저항하기 위해 자결했다. 그러나 이러한 처신은 기생으로서는 이례적인 일이었을 뿐 아니라, 사회 통념상으로도 이해하기 어려운 것이었다. 마치 『춘향전』에서 춘향이 수청을 거부했을 때, 변사또뿐만 아니라 관아의 사령들도 이를 조롱하고, 같은 기생들조차 비웃었으며, 심지어 그 어미조차 말렸던 것과 유사하다. 관불의 수청 거부와 그로 인한 자살에는 마을 사람들의 상식, 관리들의 관행이라는 뿌리 깊은 통념이 작용했다. 따라서 관불에게 정려를 내린 것은 단순히 그녀의 죽음을 기리는 의미 이외에 그녀를 죽음으로 몰아간 마을 공동체의 집단적 죄의식과 그에 대한 속죄 의식이 개입된 것으로 볼 수 있다. 포상이라는 합법적 형식은 대상자에 대한 집단적 폭력을 행한, 또는 그를 방관한 동시대 사람들의 속죄와 위무를 위한 이중 기제였던 것이다.

고소설에 나타난 자살기도의 성공률과 남녀 비율

자살의 성공률은 어느 정도일까?

역사상의 정확한 수치는 알 수 없지만, 고소설에 나타난 자살 성공률은 매우 낮다. 소설에서는 대체로 선량한 인물이 자살을 시도하기 때문에 이들은 필연적으로 구원되곤 한다. 선량한 이들의 자살을 방조한다면 이는 이 세상이 살 만한 곳이 아님을 인정하는 셈이 된다. 따라서 자살 기도자들은 대부분 자살 직전에 만류되거나 자살 시도 직후에 구출된다. 이들의 구조는 사필귀정과 인과응보의 세계관을 증명하는 서사적 장치이기도 하다.

고소설 856편의 줄거리를 정리한 자료집에 따르면, 고소설에서 자결을 시도하는 인물의 수는 여성이 128명, 남성이 19명이다. 그중 여성은 같은 인물이 여러 번 자살을 시도하기도 해서 자살 기도 횟수가 모두 141번이다. 자살 기도 횟수를 성비로 따지면 여성이 남성보다 7배 이상 많은 셈이다. 현실적 수치가 아니라 소설 속의 수치이지만, 여성이 남성보다 절망과 고통 지수가 현저히 높다고 상상했음을 알 수 있다.

이번에는 자살 기도의 성공률을 살펴보자. 고소설에서 자살을 시도하는 대부분의 인물들은 구원자를 만나 구출되거나 초월 세계의 도움으로 소생한다. 여성의 경우 전체 자살 기도 횟수의 29퍼센트인 37회만이 자살에 성공한다. 바꾸어 말하면 여성의 자살 시도 중 71퍼센트가 미수에 그치거나 실패하는 셈이다. 이에 비해 남성 인물의 자살 성공률은 69퍼센트에 달한다. 자살 기도 횟수는 여성이 훨씬 많은데, 자살 성공률은 남성이 훨씬 높다. 그 이유는 무엇일까?

남성은 살아 있으면 언젠가는 전화위복의 기회가 올 거라고 생각했기 때문에 웬만해서는 자살하지 않았다. 다만 죽어야 할 정당한 사회적 이유가 있을 때만 자살을 택한다. 말하자면 여성이 사적인 이유로 자살한 데 비해 남성은 공적인 이유에서 스스로 목숨을 끊는다고 가정한 것이다. 남성 인물의 자살에는 '충'의 이념이 개입되거나 사회적 음모가 연루되어 있다.

이에 비해 여성 인물이 자살 시도 비율은 높지만 성공률이 낮은 이유는 여성의 자살은 구원자와 새로운 인연을 맺게 해줄 에피소드로 동원된 경우가 많기 때문이다. 예컨대 위기에 몰린 여자가 자살을 시도할 때 우연히 목격자가 나타나 여자를 구원하고 그후 구원자는 여자의 수양아버지가 된다. 또는 이런 경우도 있다. 위기에 몰린 여자가 자살을 시도할 즈음 정혼자가 예지몽을 얻고 여자를 구출하러 간다. 이들은 천정배필이었던 것이다. 이렇게 해서 자살을 시도한 여자는 구원자와 특별한 관계를 맺으며 목숨을 보전하는 경우가 대부분이다.

이처럼 서사에서 남녀 인물이 자살을 시도하는 이유 또는 그로 인한 결과가 다르게 설계되었기에 성별에 따른 자살 시도 횟수와 성공률이 차이를 보였다.

여주인공의 구원자들

자살하려는 여자의 구원자는 누구인가?

줄거리가 정리된 856편의 고소설을 대상으로 여성의 구원자는 누구였는지, 또 그들은 자신이 구원해준 여성과 어떤 관계였는지 조사해보았다.

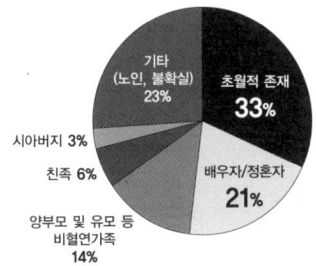

자살하려는 여자의 구원자로 가장 많이 등장하는 인물은 선녀와 도사, 봉황, 승려, 선통仙童, 거북 등 초월적 존재다33%. 현실적 존재 중에서 가장 높은 비중을 차지하는 구원자는 여성의 배우자나 정혼자이고21%, 그다음으로는 양부모와 유모 등 비혈연 가족이다14%. 이 중에서 유모를 제외한 모든 구원자는 전생에 자살 기도자의 양부모였거나 여성을 구출한 후에 그의 양부모가 된다. 구원자가 나이든 남성이라는 것도 공통점이다. 이들은 구출

한 여주인공을 수양딸로 삼는다.

여기에 특이한 점이 있다. 초월계를 제외한 모든 경우에 여성은 구원자의 가족이 된다는 것이다. 여성의 구원자 중 44퍼센트가 친족, 배우자나 정혼자, 시댁 식구이거나 수양아버지다. 여성 인물에게 사회적으로 도움을 주는 인물이 '가족 관계망'을 벗어나지 않는 것으로 상상되었다.

여성의 구원자 중 배우자나 정혼자가 많다는 것도 흥미롭다. 이런 정황은 '자살하려는 자'와 '구원하는 자'의 관계를 통해 '남편에게 구원받는 아내'라는 이미지를 구축한다. 실제로 이런 상상력에는 남편을 통해 사회적 정체성을 확보했던 당대 여성들의 현실이 투영되어 있다. 장래의 시아버지이거나 수양아버지가 구원자로 종종 등장하는 이유 역시 단순하다. 외간 남자와 만나는 것이 정절 훼손의 혐의를 받던 시기에 남자와 만나고도 구설수에 오르지 않는 길은 가족이 되는 것뿐이었다. 나이든 어른이 구원자로 나타남으로써 구원자가 여주인공과 성적인 관계를 맺을 가능성을 차단했다. 사실이야 어쨌든 여자에게 나이든 남자는 성적으로 안전하다고 상상한 것이다. 말하자면 남편이나 시아버지, 수양아버지가 아닌 젊은 남자에게 구원되는 여주인공이란 상상조차 할 수 없는 일이었다.

그 어떤 경우에도 여성들은 '가족' 이외의 현실적 존재에게 구원받지 못했다. 바꾸어 말하면 여성들은 가족이라는 울타리 바깥에서 구원자를 얻을 수 없었다는 뜻이다. 이렇게 볼 때 여성 인물의 구원자 중 절대 다수가 초월적 존재라는 것은 의미심장하다. 이는, 현실에서는 여성이 도움을 청할 사회적 관계를 형성할 수 없었음을 의미한다. 동시에 초월계에 의해 여주인공이 구원되는 이야기들은 이 세계는 여전히 살아볼 만하다는 도덕적 신념을 보여준다. 현실은 난폭하고 위험한 일들로 가득하지만 사필귀정과 인과응보의 이치에 따라 언젠가는 응분의 보답을 받는다는 신념이 초월적 존재에 의한 구원의 형태로 설계되었던 것이다.

환생하는 여자 귀신

가장 복된 귀신의 최후는 무엇일까?

귀신은 누구도 좋아하지 않으니 사라지는 게 최선인 것처럼 보인다. 귀신으로서의 삶을 지탱하는 에너지는 억울함일 터이니 한을 풀어주면 귀신은 사라질 것이다. 그러나 흔적 없이 사라지는 것이 최선은 아니다.

귀신에게도 복록이 있다면 그것은 환생이다.

고소설에서, 자살한 여성 인물이 환생하는 비율은 31퍼센트 정도다. 자살한 남성 인물이 환생하는 이야기는 한 편도 없다. 이 중에서 자살한 원귀의 환생을 다룬 작품으로 현재까지 확인된 것은 「김인향전」, 「유최현전」, 「장화홍련전」, 「접동새」, 「정을선전」 등 5편이 확인된다. 자살 원귀가 환생하려면 자살의 원인이 된 악인의 징벌이 선행되어야 했다. 억울함의 원인이 해소되어야 비로소 귀신은 환생할 수 있었다. 그런 이유에서 원귀의 환생이라는 장치는 독자에게 심리적 안정감과 도덕적 쾌감을 제공한다. 악인이 사라지고 나쁜 세계가 교정되어 이제 살 만한 세상이 되었다는 환상을 주기 때문이다.

그렇다면 고소설의 여주인공들은 왜 자살 원귀가 되었을까?

「접동새」를 제외한 해당 작품에서 여주인공의 자살은 계모의 박해, 모함과 연관된다. 계모는 전실 딸을 박해하는 형식으로 안주인으로 자리매김하려는 욕망을 드러낸다. 전실 딸이 없어져야 자신의 뜻대로 집안을 좌지우지할 수 있다고 판단한 것이다. 계모는 전실 딸이

전처를 잇는다고 여겼기에, 전실 딸을 완전히 없애야만 자신의 지위가 확고해진다고 생각했다.

이러한 과정은 딸의 입장에서 볼 때 오직 생물학적 어머니만이 딸의 사회적 생존을 보장해준다는 발상을 보여준다. 생모가 없는 딸에게 가정은 결코 안전하지 않으며, 전실 딸에 대한 계모의 박해는 당연하다고 여길 정도로 계모의 박해 서사는 전형적이다. 이는 전실 딸이 혼인한 뒤에도 계속된다. 혼인은 결코 여성의 안전장치가 아닌 것이다.

소설에서 기혼 여성의 자살은 남편이 집에 없을 때, 또는 남편과 관계가 좋지 않을 때 발생하는 경우가 많다. 기혼 여성에게는 남편과의 원만한 관계가 사회적 생존의 관건으로 여겨졌던 것이다. 「정을선전」이나 「장화홍련전」의 여주인공은 정절 훼손의 누명을 쓰고 자결한다. 이들은 부모님께 누가 될까 염려해 자신이 덮어쓴 누명조차 해명하지 않았다. 유서를 남기기도 하지만, 수신자는 아버지나 시아버지, 남편이 아니라 파랑새나 천지신명 같은 비인격체 혹은 추상적 대상이다. 유서가 의사전달이라기보다 혼잣말에 가까운 이유다.

이들이 원귀가 되어 찾아온 대상은 법의 집행자나 관리다. 원귀가 가장이 아니라 관리를 찾은 것은 이들의 신원 요청을 개인의 문제가 아니라 공공의 문제로 판단했기 때문이다. 원귀의 요구는 사적인 복수가 아니라 '공적인 처벌'이었다.

한 예로 「김인향전」을 보자. 김인향은 계모가 음란하다고 자신에게 누명을 씌우자 자결한다. 이에 인향의 동생도 언니를 따라 자결한다. 그 뒤로 귀곡성이 울려퍼지고, 마을은 황폐해진다. 왕명으로 부사가 파견되자 인향 자매는 귀신으로 나타나 억울함을 고한다. 부사는 사실을 밝혀 계모와 하수인 노파에게 사형을 내린다. 음모에 가담한 하인들은 옥에 가두고 태장을 내린다. 이후 인향 자매는 약혼자의 기원으로 환생해 부귀영화를 누리다 일생을 마친다.

여기서 원귀는 어긋난 현실을 바로잡고 악인을 처벌하는 역할을 한다. 인향 자매는 계모 말만 믿고 자신을 오해한 약혼자가 참회한 후에야 환생할 수 있었다. 비로소 자신이 원하는 대로 현실을 조율할 수 있게 된 것이다. 그런 의미에서 원귀의 환생은 생의 도덕성을 담보하는 증거가 된다. 언젠가는 진실이 승리하기에 이 세상은 살아볼 만하다는 환상을 주는 것이다.

앞서 「접동새」만 예외라고 했는데 그렇다면 「접동새」의 주인공은 왜 자살했을까? 강씨 부인의 남편이 죽자 그 재산을 탐낸 시매부媤妹夫가 강씨를 모함한다. 억울하게 죽은 강씨 부인은 접동새로 환생한다. 접동새는 아홉 오라비를 부르며 자신의 억울함을 호소한다. 접동새가 오라비에게 호소한 이유는 분명하다. 남편이 세상을 떠났기 때문이다. 남편이 없는 기혼 여성이 의지할 곳은 친정이라는 발상을 보여준다.

재미있는 것은 접동새가 각종 새들과 슬픔의 연대를 형성한다는 점이다. 접동새는 각각의 슬픔을 간직한 버꾹새, 따옥새, 자규새와 어울리며 공감대를 이룬다. 그후 접동새는 직접 서울로 찾아가 임금에게 억울함을 알리고 법적 절차에 따라 누명을 벗는다. 강씨 부인은 정렬부인에 봉해지고 나서야 영원한 죽음을 맞는다.

이 죽음은 접동새와 연대했던 다른 새들에게 논란의 대상이 된다. 새들은 접동새의 죽음에 대해 이런저런 의견을 내는 가운데 자기 설움을 표현한다. 이런 과정은 억울함을 간직한 강씨 부인의 일생이 평범한 여성들에게 각자의 일생을 성찰할 기회가 되었음을 시사한다. 타인의 인생에 대해 논하면서 정의의 연대를 이룬 것이다. 이것이야말로 원귀 서사에 내재된 정의의 감수성이며, 감성적 동력이다.

5

원혼의 저주와
복수극

남자를 불행하게 만든 여자의 원한이란 오히려 주술적이기조차 하다. 그러나 이야기는 약자의 마음을 헤아리지 못한 자, 융통성이 없는 원칙주의자에 대한 비판의 시선을 함축하면서, 타인에 대한 관대와 포용의 태도를 취한다. 여자의 한과 저주는 현실에 부단히 영향을 미치면서 잘못된 태도를 교정하려 한다. 그런 의미에서 이 여인들은 '죽어야 사는 여자'였다고 볼 수 있다.

여자가 한을 품다

남녀평등을 넘어서 동성애, 퀴어queer 등 성 정체성에 대한 새로운 담론이 개진되는 21세기의 현대사회에서조차 청혼의 유력한 주체는 남성으로 여겨진다. 이에 비추어 보면, 자유연애를 상상조차 할 수 없던 조선시대에 남성에 대한 여성의 고백이 금기시된 것은 당연하다. 애당초 혼인의 조건에 사랑이 누락되어 있던 조선시대에 '고백'은 어쩌면 불필요한 요소였지만, 문학 공간 속에서 그것은 여전히 강력한 흡인력을 발휘했다. 문학 속의 사랑 고백은 사생활을 만들고 유지하는 은밀한 기제였다.

문학 장에서 사랑 고백은 결코 남성의 전유물로 제한되지 않았다. 여성의 적극적인 구애와 고백도 있었기 때문이다. 이야기는 시대의 금기를 깨고 벽을 허무는 자유로운 공간이다. 야담에는 어른들의 간섭을 받지 않는 연애담도 여러 편 전한다. 그중에는 여자 쪽에서 먼저 청혼하는 이야기도 있다. 여자가 먼저 남자를 유혹해 성욕을 채우거나 신분상승의 기반으로 삼는 서사도 있다. 대개의 이야기에서 여성의 유혹이나 청혼이 수락되지만, 이때 남성은 여성에게 경제적으로나 지적으로 의존하는 경우가 많다.

부유하지만 신분이 낮은 집안의 딸이 몰락한 양반가 자제를 선택해 혼인한 뒤, 지혜를 발휘해 남편을 출세시키는 이야기인 것이다. 남자는 여자의 가르침을 따른 결과 부자가 되고 과거에도 합격하며 관직에도 천거되어 입신출세하고 부귀영화를 누린다. 이야기는 이 여자를 '이인異人'으로 호명한다. 평범한 사람들이 이해하기 어려운, 탁월한 인물이라는 뜻이다. '탁월하고 총명하다'와 '여자'라는 결합이 어울리지 않는다는 뜻에서 붙인 예외성의 명칭이기도 하다. 이러한 관계는 사랑이 감정이나 정서적 문제만이 아니라 경제적 수준이나 지적 소통과도 관련되어 있음을 보여준다.

이 이야기들은 남녀 간의 사랑이 결혼제도로 이어지는 경향성을 보여준다. 그러나 그 과정이 항상 만족스러웠던 것은 아니다. 여자가 사랑하는 남자를 스스로 택할 기회가 없었던 것은 물론, 남녀 간에 자유로운 만남조차 허락되지 않던 시대에, 여성 스스로 직접 남자를 찾아가 사랑을 고백하고 관계를 주도하는 이야기는 예외적이다. 이 여성들은 금기를 위반하면서까지 사랑을 고백하는 대담성을 보여주지만, 마음을 거절당하면 자살하고 만다. 이로써 자신의 사랑이 목숨과 맞바꿀 정도로 절대적이고 독점적인 가치였음을 드러낸 것이다.

그런데 고백을 거절당한 여인들은 자살하면서 상대 남성을 파멸의 동반자로 삼는다. 여인이 자살한 후, 상대 남성이 고통과 불행 속에 생을 마감하는 후일담이 배치된 것이다. 이로써 이야기는 여성의 자살이 불러온 사회적 파장을 공포스럽게 보여준다. 여기에 자살한 여성에 대한 남성의 죄의식이 투사된다. 이야기는 역사적으로나 사회적으로, 여성의 사회화 통로를 차단해왔던 조선시대 지배 문화의 자기반성을 공포의 시선으로 조명했던 것이다.

취중발언에 꺾인 청춘, 한을 품고 죽음에 이르다

자살담의 여주인공들은 자의식이 강하다. 이들은 부모가 정해준 혼사를 거부하고 자신의 의지와 취향에 따라 배우자를 선택하려 했던 '예외적' 인물이다. 강한 자존심과 뚜렷한 자의식 때문에 상대방에게 거절당하면 죽음을 택한다. 이는 감정의 타협이나 조율을 배울 수 있는 공적 기회가 없었고 연애에도 미숙했기 때문이다.

그러나 여성 인물의 청혼이 모두 자발적이었던 것은 아니다. 가문의 결정에 따라 청혼한 경우도 있으며, 주인의 명을 받고 혼사를 치르기도 했다. 가장 심각한 것은 원치 않는 혼전 성관계로 청혼할 수밖에 없는 경우였다. 남성의 요구에 따라 폭력에 가까운 성관계를 맺은 여성이 이를 '천생배필'이라 강조하며 청혼한 이야기가 대표적이다.

다음은 한 재상이 술김에 내뱉은 말로 죽음에 이른 여자 이야기다.

재상이었던 노봉 민정중 閔鼎重은 술을 좋아했다. 하지만 정사에 해롭기 때문에 항상 절제해왔다.

어느 날 그는 성묘를 다녀오다 예전에 비장裨將을 했던 아무개 집에 들렀다. 술 대접을 받은 노봉이 한껏 취해서 말했다.

"자네, 누이가 있지 않은가? 왜 꾸며서 들여보내지 않는 겐가?"

그는 안으로 들어가 어머니께 말씀드리고 얼른 누이를 단장시켜 들여보냈다. 닭이 울자 노봉이 깨어나 곁에 있는 처녀를 보고 깜짝 놀랐다.

"꿈인가, 귀신인가? 대체 누구요?"

아무개가 안으로 들어와 밤에 일어난 일을 아뢰었다. 노봉은 기억이 나지 않는다며 누이를 데려가라고 소리쳤다. 비장이 한자리 얻으려고 자기를 취하게 만들어 거짓을 꾸며댔다고 호통쳤다. 노봉은 화를 내며 그 집을 나왔다.

그후 그 집에서는 감히 딸을 다른 곳으로 시집보낼 수 없었다. 비장의 누이도 이미 자신은 상공을 모셨기 때문에 다른 데 시집갈 수 없다고 했다. 비장이 이 말을 노봉에게 고하며 누이를 거두어달라고 청했다. 하지만 노봉은 완강히 거절했고 그 여자는 한이 맺혀 죽고 말았다.

이후 노봉의 일생에는 화가 많고 복이 적었다고 한다. 장차 화가 닥치려 할 때마다 처녀귀신의 살이 뻗쳤다는 말이 나돌았다. 나중에 그 여자의 관은 노봉의 묘 곁에 이장되었다. 그녀를 가엾게 여긴 노봉의 집안이 주선한 일이다.

—『삽교별집』

야담집에는 고급 관리나 왕을 둘러싼 일화가 많이 수록되어 있다. 사대부가 여가에 읽던 독서물이니 그들을 둘러싼 주변의 일화가 흥밋거리였을 것이다. 야담집에는 학식이 높고 점잖은 관리들의 사생활이나 비화가 자주 등장한다. 이런 이야기를 읽음으로써 독자들은 그들에 대한 거리감을 좁히고 친밀감을 느꼈다. 사대부의 실수담이나 성생활을 드러낸 일화들은 그들의 인간적인 면을 되돌아보게 했다. 이야기 속에서, 그들은 백성을 다스리는 엄격한 관리, 위엄을 지키는 성리학자, 오륜과 삼강에 충실한 도학자이기 전에 허점 많고 나약한 인간이었다.

이러한 이야기들은 우스갯소리라 할 수 있는 '소화笑話'에 속한다. 재미로 웃어버리면 그만인 유희용 이야기인 셈이다. 유희적 이야기 중에는 인물의 인간적 결함이나 잘못으로 타인에게 치명적인 상처를 준 이야기, 돌이킬 수 없는 실수로 파국에 이르는 이야기도 존재한다. 노봉의 이야기가 바로 이에 속한다.

노봉 민정중은 자기관리에 철저했다. 술을 좋아했지만 정치에 이롭지 않다고 여겨 절제해왔다. 하지만 그에게도 사생활이 필요했고 일탈 욕구가 있었다. 그는 공무가 없는 밤이면 남몰래 서울 밖으로 나가 흠뻑 취하도록 마셨다. 그런 일탈이 그에게 돌이킬 수 없는 파국을 가져온 셈이다.

그는 성묘를 하고 돌아오다가 예전에 비장을 지내던 아무개를 만났다. 비장은 높은 어르신께 좋은 술을 대접했고, 노봉은 취중에 그 누이를 탐내는 발언을 했다. 비장은 대감의 명을 거역할 수 없어서 모친과 상의해 누이를 들여보낸다. 술 취한 관리의 말에 가족회의까지 할 정도였으니 관리의 위세를 짐작할 수 있다.

문제는 술이 깬 후다. 노봉은 자신의 취중발언을 기억하지 못했을뿐더러, 비장이 누이를 이용해 벼슬자리를 얻으려 했다고 오해했다. 피해자는 비장과 그 가족이었지만 그들은 도리어 죄인 취급을 받았다. 노봉은 끝내 비장의 말을 믿어주지 않았고, 자신을 대접해준 성심에 모욕을 던졌다. 비장의 누이는 출가할 기회조차 박탈당한 것이다.

비장을 믿지 않은 노봉이 지나쳤다고 평가할 수도 있지만 고위 관직자와 하급 관리 사이에 수많은 청탁이 오갔을 것을 짐작한다면, 그의 태도도 이해가 간다. 문제는 비장과 노봉 사이에 놓인 불신이 좀처럼 가시지 않았다는 점이다.

비장은 끝내 노봉의 신뢰를 얻지 못했다. 만일 비장이 고지식하고 순박해 노봉의 말을 곧이곧대로 따른 것이었다면 그의 성심을 헤아리지 못한 채 의심의 날을 세운 노봉에게 책임을 물을 수도 있다. 그러나 만일 비장에게서 가족을 희생시키면서까지 출세하려는 욕망이 느껴졌다면, 노봉의 의심은 오히려 관리로서의 예리함을 보여주는 증거가 된다.

하지만 어디에서도 진실을 확인할 도리는 없다. 비장은 노봉이 취중에 누이를 들이라 했다고 주장했고, 노봉은 기억나지 않는다고 했다. 사실을 확인해줄 제삼자가 없는 사생활의 영역에서 일어난 일이었다.

그럼에도 불구하고 이야기가 비장의 편에서 서술되었다는 것은 중요하다.

남자들의 실랑이에 애꿎은 여자가 죽은 것이다. 사실의 진위에 관계없이 노봉은 한 여자의 불행을 책임져야 한다는 여론이 번졌을 것이다. 남을 불행하게 한 사람은 절대로 행복해질 수 없다고 믿는 것이 세간의 인심이다.

서술자는 노봉의 파란 많은 인생사를 자살한 여인의 이야기와 연관지어 해석했다. 사람들은 노봉에게 화가 미칠 때마다 처녀귀신의 살이 뻗쳤다고 말했다. 개인의 삶은 그 자체로 고립되지 않고 타인과의 관계 속에서 얽히기 마련이다. 한 개인의 삶이 타인의 눈과 귀에 노출되는 순간, 이미 그 삶은 타자의 시선으로 해석될 운명을 비껴갈 수 없다. 노봉과 비장 사이의 일에 대해 어느 것이 진실이라고 단언할 수 없다고 해도, 이미 세상 사람들은 노봉을 의심 많은 상관, 여인을 자살로 내몬 냉정한 관리라는 평가를 내린 것이다.

이후 노봉의 집에서 여인의 시신을 가묘로 이장시킨 것은 그들이 세간의 평판으로부터 자유로울 수 없었음을 보여준다. 이장을 결정한 일차적 동기는 여인에 대한 동정심이지만, 이차적으로는 냉정한 집안이라는 낙인을 떨치기 위함이었을 것이다. 어쩌면 고달픈 삶을 살아 괴로웠던 오만한 관리의 회한 어린 결정이었을 수도 있다.

이 사건의 가장 큰 희생자는 전 상관의 불신임을 받은 비장도, 오명을 쓰고 세간의 질타를 받은 노봉도 아니다. 지체 높은 관리의 취중발언 때문에 요절한 비장의 누이, 이름도 알려지지 않은 여자다. 그녀의 운명은 술 취한 관리의 세 치 혀에서 결정되었다. 당사자야 기억나지 않는다고 부인하면 그뿐이지만, 실수나 망각의 여파는 온전히 그녀의 몫으로 남겨졌다. 한은 병이 되어 그녀의 육체에 아로새겨졌다. 결국 시름을 이기지 못하고 세상을 떠났다.

서술자는 "여기서 노봉은 처음부터 끝까지 잘못이다"라고 논평했다. 술을 마신 것이 잘못이며, 취중발언으로 타인의 신세를 그르치고 자신의 신세도 망쳤으니 잘못이라는 것이다. 타인의 말을 억측하여 끝내 믿지 않은 것도 잘못이라고 했다. 권세 높은 이가 저지른 잘못의 파장은 자신이나 집안으로만 제한되지 않는다. 그의 잘못은 자신의 권한이 미치는 범주만큼 악영향을 끼칠 수 있다. 치정자에게 수양의 도리를 강조하고 또 강조했던 것은 그 권세의 무게만큼 책임도 무겁다고 판단했던 시대정신의 요청이었다.

상처받은 자존심, 죽음을 택하다

석주 권필이 산길을 가다가 날이 저물어 큰 기와집에 이르렀다. 대문 앞에서 한참을 부르자 여종이 나오더니 성씨를 물었다. 잠시 후 사랑방으로 안내하더니 주안상을 내왔다. 저녁상을 물리자 여종은 이부자리도 펴주었다.

밤은 깊어가고 석주는 시를 읊으며 앉아 있었다. 그때 노부인, 중년 부인, 젊은 여인 한 명이 여종에게 등불을 들게 하고 사랑방에 들어왔다. 석주는 놀라고 당황하여 잠자리에 엎드렸다. 노부인이 말했다.

"이상하게 여기지 마세요. 우리는 권씨의 부인들입니다. 공도 성이 권이라지요? 편히 앉아서 내 말을 들어주세요. 내가 이 집안에 시집온 지 벌써 30년이랍니다. 독자獨子만 10대를 이어왔지요. 나도 독자를 낳았는데, 이 중년 부인이 며느리지요. 이 애가 아들을 낳아 제게 손자가 생겼답니다. 그런데 손자애가 겨우 초례를 치르고 나서 갑자기 죽었습니다. 합방도 치르지 못한 채였지요. 이 손자며느리가 사람 된 도리를 모르는 것도 불쌍하고, 또 후사를 구할 일도 걱정이라오. 공께서는 그저 불쌍하고 가엾게 여기시어 오늘 밤 제 손자며느리와 동침을 해주세요. 다행히 아들을 낳는다면 권씨가 권씨 가문을 잇는 셈이니 다른 성씨보다야 낫지 않소?"

석주가 정색하고 청을 거절하자 노부인이 한숨을 쉬고 눈물을 흘렸다. 석주가 완강히 거부하자 젊은 여인, 중년 부인, 노부인이 차례로 일어났다. 노부인이 다시 청했다.

"도저히 안 되겠소?"

석주는 끝내 허락지 않았다. 두 부인이 안으로 들어가자 젊은 부인이 말했다.

"어르신께서 좋지 않은 일을 꾸미셔서 저만 욕을 당했군요."

여인은 자결하고 말았다.

그후로 석주는 여러 번 과거에 낙방했으며 끝내 시화詩禍를 당해 죽었다. 세상 사람들은 여인의 원한 때문이라고 말했다.

권필이 만난 여인은 젊디젊은 청상과부다. 그 집에는 과부 삼대가 살았다. 시할머니는 첫날밤도 치르지 못한 손자며느리에게 대를 잇게 하려고 권에게 동침을 부탁했다. 며느리의 몸이 가문의 공적 재산으로 간주된 것이다.

대를 잇는 일은 혼인한 여자의 도리이자 의무였다. 게다가 노부인은 청상과부가 되어 '인간의 도리'를 모르는 손자며느리를 '배려'하는 차원에서 동침을 권하는 논리를 폈다. 노부인은 성이 같은 권씨라면 대를 잇는 데 문제를 줄일 수 있다고 판단한 것이다.

문제는 권필이 그 청을 거부했다는 점이다. 그 이유는 밝혀져 있지 않으나 생전 처음 보는 과부 삼대의 요청이 부담스러웠을 것임은 물론이고 남성으로서 여성에게 성을 강요당한 사실이 불쾌했을 것이다. 상대 여성이 그의 개인적 취향에 맞지 않았을 수도 있다. 냉정히 말하자면 권필이 반드시 그 청을 들어줄 의무는 없었다. 거절 또는 승낙은 권필의 자유였고, 상대방이 절박한 입장이라 해도 성을 강요하는 것은 어쨌든 무한 행동이었다.

권필의 거절에 가장 깊이 상처 받은 이는 손자며느리다. 가문의 비밀까지 털어놓으며 신신당부했지만 일이 허사로 돌아가자, 며느리는 치욕을 참지 못했다. "어르신께서 좋지 않은 일을 꾸미셔서 저만 욕을 당했군요"라는 발언에서 이 일이 스스로는 원치 않았던 일이었음을 짐작할 수 있다. 어른들의 결정에 묵묵히 따르는 것으로 가문에 충실하려 했지만, 그 역시 거부당하자 스스로 목숨을 끊었다.

이 일에 대해서도 세상 사람들은 이런저런 말로 논평을 했다. 초점은 권의 불행한 인생사에 있다. 권필은 과거에 여러 번 낙방했고, 결국 당시 척족들의 행패를 풍자한 「궁류시」 때문에 화를 당해 죽었다. 사람들은 이 일을 여인의 죽음과 관련시켰다. 여인의 원한이 권필의 불행에 빌미가 되었다고 본 것이다. 이는 물론 사실과는 무관하다. 하지만 이런 설은 현실적인 영향력을 행사했다. 집단의 생각이 문화적 힘으로 표현되었기 때문이다. 그런 점에서 여론은 살아 있는 힘이다. 대를 잇겠다는 과부 삼대에게도 공감했지만, 어른들의 결정에 따라 대를 잇는 도구가 되었던 손자며느리의 처지를 안타까워했다. 자신의 뜻과 관계없이 성적인 제안을 했다가 거절당한 여인의 수치심을 동정했다. 권필의 자유의지도 중요했지만, 세론은 그보다 먼저 상처 받은 여인의 마음을 헤아렸다. 물론 이런 관점은 당시 사대부의 입장과는 다르다.

이 일에 석주의 잘못이 있다면 시작부터가 잘못이다. 왜 그런가? 사랑방에 들어갔고, 음식과 술을 받아먹었다. 부인들이 한번 청해볼 만하다고 생각하게 만든 것이다.

나중에는 석주가 옳았다. 한번 혼인하면 종신토록 개가하지 않는 것이 부인의 도리다. 만일 저 젊은 부인에게 미혹해 도리를 잃었다고 해도 군자가 혹독하게 책망할 일은 아니다. 그러나 군자에게 이미 혼인한 부인과 어지럽게 행동하라고 요구한다면, 비록 칼로 위협받는다고 해도 어찌 바른 태도를 저버리리오?

권필이 잘못이라는 서술자의 입장은 세론과 일치한다. 그러나 세상 사람들이 권필의 몰인정한 처사에 반감을 품은 것과 달리, 논평자는 관계를 거절한 권필의 처신을 지지했다. 애당초 과부의 집에 들어간 것과 그들의 호의를 받아들인 것만을 비판한 것이다. 논평자는 군자로서 바른 행실을 지키는 것이 무엇보다 중요하다는 입장을 취했다. 과부에 대한 동정론은 찾아볼 수 없다. 논평자의 관심은 오직 권필의 군자적 처신으로 모아진다.

이러한 정황은 개인의 선택이나 판단조차 전적으로 '개인의 몫'이 아니라 '사회의 몫'으로 수용됨을 보여준다. 소문이나 세론을 무시하기에 개인은 너무 작고 약하다. 그러나 그것을 넘어서려는 개인은 언제나 존재했고, 그에 대한 사회적 요청 또한 존재해왔다. 어떤 길을 택할 것인가에 대한 질문은 개인의 몫으로 남지만, 그에 대한 평가는 여전히 개인과 사회 모두의 몫이다. 선택과 결단으로 정체성을 표현하는 것은 개인의 몫이지만 그에 대해 판단할 타자의 자유를 제어할 길은 요원해 보인다. 개인이 아무리 자기 정체성을 주장해도 사회가 받아들여주지 않는다면 무용한 것이기 때문이다.

가문에 육체를 저당 잡혀 집안 어르신들의 뜻으로 난생 처음 본 남자와 동침할 뻔했으나 그마저 거절당한 여인은 이중의 모욕 속에서 자살을 택했다. 이 자살은 개인적 선택이 아니라 막다른 상황에서 맞닥뜨린 사회적 강요의 문제와 결부되어 있다. 그런 의미에서 문학적 담론화 대상으로서의 자살은 존재 위기의 고백이자, 사회의 위험성에 대한 일종의 경고다.

외면당한 애원, 원혼이 되다

『청구야담』과 『양은천미』 『기문총화』 『파수록』 『삽교별집』 등에 전하는 자살담에는 스스로 사랑을 택한 여인이 등장한다. 이들의 신분은 시전상인의 딸, 평민 과부, 환관의 처, 농가의 딸, 토관土官의 딸에 이르기까지 다양하다. 이들은 배우자를 스스로 정하려는 뚜렷한 주관을 지녔으며, 이를 실천할 구체적 방안도 강구했던 의지적 인물이었다. 아버지께 자기만의 공간을 요청하는가 하면 직접 나서서 분가를 하고 남자를 유혹하는 등 적극성을 보인다.

젊은 부사의 부실副室, 첩이 되려는 '현실 가능한' 소망을 품었던 시전상인의 딸은 정초지正草紙, 과거장에서 답안을 쓰는 시험지가 용으로 변하는 꿈을 꾸었다. 그후로 여인은 길가로 창이 난 집을 구해 행인을 살피다가 마음에 드는 남자가 지나면 그를 집으로 초대한다. 꿈을 이루기 위해 현실적 대책을 세운 것이다. 평민 출신의 청상과부는 재가를 원하는 아버지의 뜻을 따르되 배우자는 스스로 고르겠다며 길가에 집을 짓고 마음에 드는 남자를 눈

여겨보았다가 자신의 마음을 분명히 전했다.

청혼이 성사되면 서술자는 스스로 남자를 골라 출세시킨 여자를 남다르게 뛰어나 흔하지 않은 존재, 탁월한 인물, 또는 잘 이해되지 않는 특이한 인물이라는 뜻에서 '이인異人'이라 칭했다. 이와 달리 청혼을 거절당한 여인들은 모두 자살을 택한다. 귀기 어린 저주를 남기거나, 원귀가 되어 존재감을 드러냈다. 슬픔은 분노로 뒤바뀌며, 치유되지 못한 상처는 다른 이에게 상처를 내어 앙갚음하는 복수로 표현되었다.

선비 이용묵은 서울 남촌에 살았다. 그는 지조 있고 뜻이 높아 무리들과 어울리지 않았다. 술을 좋아하고 문장을 잘 지어 이른 나이에 진사에 올라 명성이 자자했다. 장차 발탁되어 조정에 들어갈 가능성이 있었다. 친한 명사들이 북촌에 많이 살아 그들과 매일 어울렸다.

어느 여름날, 이생은 북촌에서 돌아오다가 소나기를 만났다. 길가의 집에서 비를 피하는데 어린 여종이 들어오라고 했다. 잠시 후 여종이 술상을 내오더니 상복 차림의 어여쁜 여인이 들어왔다.

"낭자는 뉘시오? 감히 손님과 마주하다니."

"당돌하다고 허물하지 마시고 제 사정을 들어주세요. 저는 제법 부유한 양갓집 여자입니다. 열세 살에 시집와서 이듬해에 남편 상을 당했지요. 이제 3년이 지났습니다. 부모님께서는 제 신세를 가엾게 여겨 집으로 데려와 재가시키려 하셨지요. 어려서 과부가 되어 음양의 이치도 모르니 가엾다고요.

그래서 부모님께 말씀드렸습니다. 군이 재가해야 한다면 스스로 고를 테니 길가의 집을 사달라고요. 여기로 분가한 지 벌써 여러 달이 되었습니다.

공께서는 몇 달 전부터 이 길로 다니시더군요. 공의 당당한 자태와 단아한 용모를 보고 어느덧 마음 깊이 사모하게 되었습니다. 이제 소나기 때문에 공과 만났으니 전생의 인연이 아니겠어요?"

"말은 그럴듯하오. 하지만 아직 급제도 못 했고 가난한데다 부모님도 늙으셔서 첩을 둘 형편이 아니니, 어쩌겠소?"

"앞으로 반드시 급제할 것입니다. 제게 누만금累萬金, 아주 많은 액수의 돈의 재산이 있으니 다시 생각해주세요."

이생은 속으로 생각했다.

'요즘 내 평판이 좋은데, 과부와 관계를 맺으면 허물이 될 게야. 거절하는 게 좋겠군.'

이생은 큰 소리로 꾸짖었다.

"외간 남자에게 어려운 기색도 없이 청혼하다니, 가당키나 하오? 죽을 각오로 수절해서 예법을 지키시오."

말을 마친 뒤 이생은 비를 무릅쓰고 돌아갔다.

다음 날 아침, 그 집 앞을 지나는데 계집종이 나와 옷소매를 붙잡고 통곡했다.

"아가씨께서 돌아가셨어요. 어제 공이 돌아가신 뒤, 원한을 이기지 못해 삼경三更, 밤 11시에서 새벽 1시 사이에 목을 매셨어요. 여기 유서가 있습니다. 들어오셔서 시신을 거두고 장례 지내주세요. 아가씨의 원한을 조금이나마 풀어주세요."

이생은 부끄러웠지만 도리어 화를 냈다.

"무슨 상관이냐! 천한 년이 소매를 잡다니 이 무슨 도리냐?"

소매를 뿌리치고 가버렸다. 여종은 통곡하며 말했다.

"박정하구나! 내 눈으로 반드시 저자가 과거에 오르지 못하는 것을 보고야 말겠다."

그때부터 이생의 명망이 갑자기 추락했다. 시험관이 그를 과거에 뽑으려 해도 매번 시험지에 먹물이 튀어 그르치곤 했다. 과거시험 날 갑자기 병이 들어 응시하지 못하기도 했다. 그는 끝내 급제하지 못했다. 만년에는 퇴락하여 시골에서 처량히 지냈다. 이생은 자신이 젊은 부인에게 원한을 사서 이런 지경에 이르렀음을 알고 시름에 잠기고 분해하다가 병이 들어 세상을 떠났다.

이 어찌 박정한 자의 경계가 되지 않으리?

—『양은천미』

이 이야기는 어린 과부가 청혼을 거절당하자 자결한 이야기다. 여기서 선비의 불운이 여인의 저주 때문이라는 확실한 인과성은 존재하지 않는다.

문제는 여인의 자결이 복수와 저주로 현실화되었다는 확고한 믿음이다. 여인의 자결을 알고도 시신을 거둬달라는 부탁마저 뿌리친 선비에 대해 여종은 물론 서술자까지도 그 박정함과 몰인정함을 비판했다. 이야기에서 여인은 소외와 좌절 속에 숨을 거두었다. 그러나 사건의 정황에 대한 윤리체계가 작동하는 순간, 이야기는 여인의 불행에 원인을 제공한 선비에게 비난의 화살을 돌렸다. 이는 선비의 처신을 자기 절제나 자기 관리의 차원이 아니라, 이기적인 출세욕의 차원으로 이해했기 때문이다. 청혼을 거절한 것은 자유이지만, 자기 때문에 죽은 여인을 모른 체하는 것은 인간된 도리가 아니라고 판단한 것이다.

이 이야기에서 죽은 여인의 '한'은 환상이 아니라 실재하는 문화적 힘으로 설정되었다. 몰인정한 사람은 처벌받아 마땅하며, 타인을 배려할 줄 모르는 이기적인 출세욕은 좌절되어야 한다는 문화 논리가 작용했다. 한이란 성취를 향한 개인적 욕망의 범주를 넘어선 극한 상황에서 발생한다. 더 나은 삶을 위해서가 아니라 삶 자체가 위협받을 때, 탐욕이 아니라 인간의 기본적 욕망이 제한받았을 때 사람들은 한을 품게 된다. 그런 점에서 한을 살피지 않는 행위는 인간됨의 최소 요건마저 저버리는 패륜행위로 간주되었다.

이야기의 논리에 따르면 젊은 과부의 청혼을 거절한 선비의 행위는 가혹하다. 서술자는 여인의 청혼을 선택의 여지가 있는 문제가 아니라 무조건 받아들여야만 하는 절박한 요청으로 이해했다. 자신과 타인의 삶 사이에 경계를 긋고 관여하지 않는 것을 '쿨한 매너'로 수용하는 사회적 합의가 없었던 시대의 문학적 정황이다. 이야기는 상대가 절박한 상황이라면 자신의 야망이나 사욕은 어느 정도 내려놓아야 인간답다고 판단했던 시대정신을 반영한다.

타인의 간곡한 부탁을 외면한 자는 결코 자신의 소망을 이룰 수 없다는 세간의 신념이 곧 그 사회를 지배하는 문화 논리이자 관습이었다. 아무리 전도유망한 선비라 해도, 자신의 출세를 위해 타인의 소청을 무시할 정도로 냉정하다면, 그에게 세상을 지배할 권한이 주어져서는 안 된다는 시대적 합의가 '자살한 원혼의 저주'라는 문화적 힘으로 표현되었다. 그런 의미에서 원혼의 저주는, 공포의 기호로부터 문화적 건강성의 상징으로 자리바꿈한다. 문학은 원혼의 한이라는 소재를 통해 사회적 건강성의 지표와 인간의 올곧은 방향성을 제시한다. 그러나 한을 품은 원혼이 사회에 전하는 메시지는 그 어떤 경우에도 파괴적이다. 비정함은 비정함을 부르고, 폭력은 또다른 파괴를 부른다는 자명한 논리가 옛이야기 속에 살아 서늘하게 빛난다.

참의 홍원섭1750~1820은 젊은 시절, 서울 장동의 집을 세내어 친구 이생과 함께 과거 공부를 했다. 어느 날 홍원섭이 외출하고 이생 혼자 집에 남았는데 문득 보니 담장 틈새로 종이가 떨어졌다. 이상하게 여기며 집어들고 살펴보니 언문 편지였다. 보낸 이는 환관의 처였다.

"서른 살이 다 되어가지만 아직 음양의 이치를 모릅니다. 이대로 죽게 될

까 한스러워요. 마침 오늘 밤이 조용하니 담을 넘어 방문해주세요."

이생은 매우 화를 냈다.

"뭐 이런 여자가 있단 말인가?"

다음 날 이생은 환관을 찾아가서 정색을 하고 화를 내며 편지를 돌려주었다.

그날 저녁 그 집에서 곡소리가 들려왔다. 그 여인이 목을 매 죽은 것이다. 홍원섭이 돌아와서 사정을 전해 듣고 이생을 책망했다.

"안 가면 그만이지, 어째서 이 지경을 만들었나? 자네는 필시 행복하지 못할 걸세."

그해 가을, 집에 돌아간 이생은 늦장마에 집이 무너지는 바람에 깔려 죽었다. 어찌 우연이겠는가?

—『기문총화』

전통적으로 한국사회는 거절에 약하다. 상대가 어렵게 한 부탁을 거절하는 것은 차마 못할 처사라는 인식이 지배적이다. 부탁을 수락한 결과, 자신이 손해를 보더라도 타인을 배려하는 것을 인정 어린 처신으로 여겨온 문화적 전통의 결과다. 애초에 부탁은 약자가 강자에게, 없는 자가 가진 자에게 하는 법이니 이를 외면하는 것은 행복한 자의 과욕이라는 판단도 개입되었다.

이 이야기는 타인의 청을 거절하고 불행해진 남자의 이야기다. 여기서 남자의 죽음과 여자의 자살 간에 확실한 인과관계는 성립하지 않는다. 여자가 자살한 직후 남자가 사고를 당한 것도 아니며, 두 사람이 죽은 장소도 서로 다르다. 그런데도 서술자는 이 두 사건을 우연으로 보지 않았다.

이생의 친구조차 그의 처신을 비판했다. 심지어 친구가 불행할 것이라고 장담까지 했다. 이러한 처신의 바탕에는 몰인정한 태도는 비난받아 마땅하다는 판단이 전제되어 있다. 싫으면 그만이지 구태여 자초지종을 밝힐 필요는 없었다는 평가에서 타인의 삶에 대해 군이 심판자로 처신할 필요는 없다는 생각을 읽을 수 있다.

한편 환관의 처에 대해서는 공감과 동정을 보여주었다. 그녀를 음란하다고 비난하기보다 '오죽했으면' 하고 이해했다. 이생에게 몰래 했던 고백이 공론화되자 환관의 처는 자결할 수밖에 없었다. 부부간의 신뢰를 깨뜨렸을 뿐더러, 아내로서 남편의 치부를 들춘 셈이기 때문이다. 여인의 자결은 수치와 공포, 그리고 미안함을 담은 최선의 선택이었다.

이 이야기는 타인을 이해하지도, 배려하지도 않는 자는 행복해질 자격이 없을뿐더러, 더이상 살 자격도 없다는 매서운 판단을 보여준다. 환관의 처는 음양의 이치를 모른 채 생을 마칠지도 모른다는 사실이 한스러웠다. 이 이야기는 여인의 한에 공감하며 그를 너그러이 감싸안았다. 때로는 법보다 통념이, 원칙보다 관습이 더 큰 힘을 지니고 있음을 발견하게 된다. 원리원칙을 따지기보다 융통성 있는 삶이 인간답게 여겨질 때도 있다. 엄격한 유교 문화의 전통 속에서도 문학 세계는 자유로운 상상과 살아 움직이는 문화 관습이라는 틈새를 통해 답답한 현실을 잠시나마 숨통 트이게 한다.

거절당한 청혼, 저주를 부르다

먼 길을 가던 이생이 객점客店, 오가는 길손이 음식을 사 먹거나 쉬던 집에서 책을 읽고 있었다. 그 소리는 고요한 밤기운을 타고 낭랑하고 청아하게 울려 퍼졌다. 이웃집 여자가 그 소리를 듣고 정념을 이기지 못하여 선비의 방에 뛰어들어갔다. 나이는 스무 살쯤 되어 보였다. 이생이 물었다.

"귀신이오, 사람이오?"

"사람입니다."

"천인이오, 양반이오?"

"토관의 딸입니다."

"시집을 갔소, 처녀요?"

"처녀입니다."

"남녀가 유별하니 비록 천인의 딸일지라도 담을 넘어 남자를 만나서는 아니 되오. 하물며 토관의 딸이면서 이런 처신을 하다니, 안 될 말이오. 어서 돌아가시오!"

"예의를 모르는 바 아니옵니다만, 이미 일어난 정을 어찌 누를 수 있겠어요? 오늘 밤 죽는다 해도 물러갈 수는 없습니다."

이생이 심한 말로 꾸짖어도 여자는 물러나지 않았다.

"제 목숨은 오늘 밤에 달렸습니다. 예의라는 말은 하지 마십시오. 몰라서 이러는 게 아닙니다."

이생은 여인을 말릴 수 없음을 알고 객점 주인을 불러서 여자의 아비를 데려오게 했다. 이에 여인의 아비가 달려와서 딸을 꾸짖으며 데려가려 하자 여인이 말했다.

"여자의 몸으로 야심한 밤에 여기까지 왔으니, 이미 큰 절개를 잃었습니다. 어찌 온전한 사람이 되기를 바라겠습니까? 아버지, 잠시만 기다려주세요. 손님과 조용히 얘기하고 싶어요. 그러지 않으면 여기서 죽어버리겠어요."

여인은 문지방에 앉아 죽기를 각오하고 나가지 않았다. 그 아비가 있는 힘껏 딸을 끌어내자 여인이 말했다.

"딸이 절개를 잃는 것이 눈앞에서 죽는 것보다 낫지 않나요?"

"차라리 죽어라."

여인은 혀를 깨물고 머리를 부딪쳐 문 옆에 쓰러져 죽어가면서 외쳤다.

"손님은 정말로 바른 분이시군요. 그러나 반드시 큰 화를 받을 겁니다. 내가 죽어서 여귀厲鬼가 될 테니."

그후로 이생은 이따금 꿈속에서 그 여인을 보았는데 혀를 깨물고 머리를 부딪친 모습이었다. 그때마다 반드시 집안에 재앙이 생겼는데, 끝내 곤궁하게 살다가 일생을 마쳤다고 한다.

—『삼교별집』

한 여자가 책을 읽던 선비의 방으로 뛰어들었다. "귀신이냐, 사람이냐"고
물은 선비의 반응에서 그가 얼마나 놀랐는지 알 수 있다. 남자의 목소리에
반해 여인은 체면도 불사한 것이다. 성적 욕구의 차원에서 사랑이 촉발된
경우다. 여자 쪽에서 먼저 마음을 열고 사랑을 고백한 경우가 아주 없는 것
은 아니지만, 이처럼 충동적이고 적극적인 경우는 흔치 않다. 게다가 여자
는 목숨도 아끼지 않았다.

여자에게 성적 매혹의 대상이 되었다는 것이 남자로서는 달갑지 않았던
모양이다. 언제나 유혹은 여자의 역할이었으며, 고백은 전적으로 남자의
몫이었기 때문이다. 자신의 성적 매력을 확인받는 일이 남자로서 당혹스러
웠음은 물론 불쾌했을 법하다.

남자는 일언지하에 여인의 고백을 거절했다. 남녀유별의 예법에 어긋난
다는 이유에서다. 그의 속마음도 그랬는지는 알 수 없다. 남자의 내면은 철
저히 숨겨졌기 때문이다. 그러나 분명한 것은 여인이 남자의 마음에 들지
않았다는 사실이다. 남자는 위엄 있게 그녀를 꾸짖었을 뿐만 아니라, 그 아
비를 불러오라고 청할 정도로 거절의 뜻이 강경했다.

그런데 여자의 아비를 불러온 것이 도리어 화근이었다. 감정을 억제하지
못한 딸은 죽는 것보다 절개를 잃는 게 낫지 않냐고 아버지를 도발했고, 아
비는 차라리 죽으라고 딸을 자극했다. 사랑의 매혹됨이 도덕 논쟁으로 번
졌고, 급기야 부녀간의 감정싸움으로 빗나갔다. 화가 복받친 딸은 자결했
다. 여인은 유언처럼 저주의 말을 남겼다. 당신이 바른 것은 분명하지만, 반

드시 화를 받으리라는 것이다. 제사를 받지 못하고 떠도는 여귀가 되어 원한을 갚겠다고 다짐한 것이다.

조선시대 여성은 자신의 성적 욕구를 표현하기 쉽지 않았다. 감정에 솔직했던 여성은 오히려 심한 수치와 모욕을 안고 자살했다. 딸의 감정을 자극한 아버지도 자살을 부추긴 셈이었지만 여인의 분노는 오직 상대 남성만을 향해 표출되었다.

최근 연구에 따르면 부부갈등이나 고부갈등 등 가족간의 불화로 인한 자살은 모두 싸움 당일에 발생한다고 한다. 이는 자살이 계획적이라기보다는 우발적이고 충동적인 행동임을 보여준다.[20] 여기서도 아버지의 극렬한 발언이 딸의 자살 충동을 유발했음은 분명하다. 그러나 이야기는 여성의 자살에 대한 책임을 전적으로 선비에게 떠넘긴다. 부녀갈등으로 주제가 확산되는 것을 막는 동시에 가족사 비극에 초점이 맞춰지는 것을 원치 않았기 때문이다. 무엇보다 자살의 진짜 원인이 상처 받은 자존심에 있다고 본 것이다.

그후로 선비의 잠자리가 편안했을 리 만무하다. 꿈속의 여자는 원한이 맺혀 죽을 때 모습 그대로였다. 여자가 나타날 때마다 되는 일이 없었다. 마음이 무거웠으니 매사에 선비의 의지나 태도가 부정적으로 조율되었을 법도 하건만, 서술자는 이를 여인의 저주 탓으로 해석했다.

호의로 만났다가 원수로 헤어지다

충장공 신립은 명문거족의 무인이다. 어릴 때부터 담력이 세고 무예가 출중해 큰 인물로 지목하지 않는 이가 없었다. 무과에 합격해 벼슬길에 올랐으나 달갑게 여기지 않았고 사냥을 즐겼다.

하루는 산골에서 길을 잃고 어떤 집에 이르렀다. 신립은 새벽에 떠날테니 하룻밤만 머물게 해달라고 주인에게 청했다. 여자는 편치 않을 거라며 거절했다. 사정을 묻자 여자가 말했다.

"저희 집은 큰 부자였어요. 그런데 한 달 전부터 매일 밤 악귀가 찾아와 식구들을 한 명씩 죽였습니다. 이제 저 혼자 남았어요. 오늘 밤 악귀가 와서 저를 죽일 테지요. 그래서 안 된다고 한 거예요."

신립은 자신이 악귀를 처치하겠다고 장담했다.

과연 한밤중이 되자 하늘이 무너지는 듯한 소리가 나더니 방문이 저절로 열렸다. 흰 관이 선 채로 들어오자 신립은 못 본 척하면서 손오병서를 읽었다. 관이 후원의 담 안으로 들어가자 신립은 몰래 따라가 표시를 해두고 왔다. 잠시 후 시체가 달려들었는데 신립이 꿈쩍도 않자 달아나버렸다.

드디어 날이 밝았다. 소저는 기절해 있었다. 지난밤 표시해둔 후원의 담장을 파헤치니 흰 닭이 나왔고, 들보를 드러내자 지네가 나왔다. 신립은 이들을 불 속에 던졌다. 오래 묵은 짐승의 혼이 악귀로 둔갑한 것이었다.

소저가 말했다.

원혼의 저주와 복수극

"공의 은덕은 하해와 같으니 이제 은혜를 갚으려 합니다. 평생토록 공을 따르겠습니다. 제발 제 뜻을 저버리지 마세요."

신립이 말했다.

"아니요. 소저에게 어찌 백년해로할 군자가 없겠소? 나 같은 무인은 소저에게 부족하오. 굳이 의리를 표하겠다면 의남매를 맺읍시다."

그러고는 소저에게 '누이'라고 부르자 소저는 묵묵히 말이 없었다. 신립이 떠나려 하자 소저가 눈물을 흘리며 말했다.

"다시 생각해주세요."

신립이 소매를 떨치고 말했다.

"누이는 몸을 잘 보전하시게. 다시 만날 날이 있겠지."

신립이 떠나자 소저는 억울함을 참을 수 없었다.

'처녀의 몸으로 거절당했어. 부끄럽고 부끄러워. 차라리 죽는 게 나아.'

소저는 지붕 위에 올라가 큰 소리로 신립을 불렀다.

"은혜를 주신 뒤에 버리셨으니 원망스럽습니다. 이제 죽어서 공을 따르겠어요."

소저는 뛰어내려 목이 부러져 죽었다. 신립은 말을 돌려 여인의 장례를 지내주었지만 마음은 편치 않았다.

며칠 뒤에 신립이 외조부를 찾아뵙자 무슨 일이 있었느냐고 물었다. 사실대로 말씀드리자 외조부가 말했다.

"훗날 네가 이 여자 때문에 죽겠구나. 시신도 찾지 못할 게야."

신립은 그럴 리가 없다며 믿지 않고 말없이 물러났다.

그후에 신립은 높은 관직을 거쳐 대장이 되었다. 임진왜란이 일어나자 순변사가 되어 조령을 지키게 되었다. 한밤중에 공중에서 누군가 신립을 불렀다.

"여기 계시면 패하십니다. 충주의 탄금대로 가서 배수진을 치세요. 그러면 반드시 이길 겁니다."

"대체 뉘시오?"

"공께서는 그때 그 일을 기억하지 못하세요? 저는 그때 죽은 여자입니다. 은혜를 갚고자 알려드리니 의심하지 마세요. 꼭 제 말대로 하셔야 해요."

여인은 말을 마치고 사라졌다. 신립은 여인의 말에 따라 곧 군사를 이끌고 충주의 탄금대로 이동했다. 얼마 후에 왜병이 대군을 이끌고 몰려왔다. 신립은 배수진을 쳤다가 죽고 말았다.

―『양은천미』

이 이야기는 호의로 만났다가 원수로 헤어져 파국에 이른 남녀관계를 보여준다. 이야기의 서두에서 신립은 매인 데 없이 호방한 무관으로 등장한다. 벼슬도 마다하고 사냥을 즐길 정도로 호전적이며 부모도 말릴 수 없는 기개를 지녔다. 불의를 보면 참지 못하는 의협심과 공격성은 국가에 대란이 닥치면 이를 막아낼 장수로서의 자질이 충분함을 보여준다. 그런 그가 어느 날 우연히 한 소녀를 만난 것이 그의 운명의 흐름을 바꾼다.

소녀의 집안은 영문 모를 악귀의 괴롭힘으로 멸문될 지경에 이른다. 악귀는 예정된 수순에 따라 이제 어린 소녀의 목숨을 탐할 뿐이었다. 그때 나타난 신립은 특유의 담력과 용기로 악귀와 맞서 싸워 소녀의 목숨을 구했다.

신립의 의협심과 용기는 죽음에 직면한 소녀에게 새 삶을 부여했다는 점에서 위대하다. 그러나 바로 여기서 문제가 발생한다. 소녀는 타인의 호의를 그냥 받을 수 없다고 판단했다. 게다가 소녀는 난생 처음 사내와 만나 이야기를 나누고 손수 식사까지 대접했던 것이다. 이때 소녀는 은혜에 대한 최선의 보답으로 그와 혼인해 일생을 바치려 했다. 이것은 지극히 소녀적 발상이었을 뿐만 아니라, 혼전에는 남자를 만날 수 없었던 조선시대 문화가 그녀에게 안겨준 강박의 산물이기도 했다. 물론 문화적 배경과 관계없이 소녀가 호기롭게 악귀를 물리치고 가문의 원수를 갚아준 신립에게 반했을 수도 있다. 목숨을 구해준 남자와 사랑에 빠지는 것은 할리우드 영화의 클리셰일 정도로 동서양을 막론하고 문화적 설득력을 지니기 때문이다.

그러나 바로 거기서 운명이 뒤엉키기 시작한다. 신립은 남에게 얽매이기를 좋아하지 않았다. 이는 이야기의 서두에 마치 복선처럼 예고되어 있었다. 벼슬도 마다한 신립이 우연히 들어온 구혼을 달갑게 여길 리 없었다. 그는 불의를 보면 참지 못하는 무인으로서의 의협심과 승부욕으로 소녀를 구했다. 하지만 타인의 처지를 헤아리는 이해심과 포용력은 부족했다. 그는 소녀를 달래는 대신 일언지하에 그 청을 거절했다. 그는 무인으로서의 의리 때문에 의남매라는 차선책을 택했지만 혼인을 원했던 소녀가 오라비로 모시는 데 만족할 수는 없었다. 게다가 신립은 '다시 돌아오겠다'는 확언 대신 '서로 만날 날이 있겠지'라는 막연한 가능성만을 남겨둘 뿐이었다. 이는 구혼에 대한 예의바른 거절이었다.

이 이야기는 남녀가 서로에게 원하는 게 다를 때 비극적 파국에 이름을 보여준다. 소녀는 자신의 모든 것을 바치려는 성심이 거절되자 깊이 상처를 받는다. 상처가 슬픔을 넘어서자 분노로 변했다. 분노의 불길은 안으로 숫구쳐 자기 파괴를 초래했다.

이 이야기는 외조부의 예언이라는 형식을 통해 신립의 지나친 솔직함을 질책했다. 외조부는 오랜 세월을 거쳐 인간사의 이치를 체득한 인물로, 순간을 스치는 표정에서 미래를 읽어내는 지혜의 소유자다. 그는 신립에게서 한때의 치기를 참지 못해 호기를 부린 자의 말로를 보았다. 약한 자에게 원한을 사는 것은 파국의 문을 여는 것과 같다. 신립은 여자의 진심을 헤아렸어야 했다. 여자는 혼전에 만난 남자에게 집안의 비극을 털어놓았고 신립은 그의 목숨을 구했다. 그런 깊은 인연을 모른 척하는 것은 대장부의 도리가 아닐뿐더러, 인간의 정리에도 위배된다. 당대의 문화적 맥락에서 볼 때, 소녀의 청혼은 선택의 문제가 아니라 무슨 일이 있어도 수락해야 하는 인간의 도리였던 것이다.

소녀의 복수는 잔혹했다. 신립에게 패전 장수라는 오명을 선사했던 것이다. 소녀는 승전하는 장수는 하늘이 돕는다는 전장의 풍문을 십분 활용했다. 보는 대로 믿어버리는 무사의 기질을 귀신의 예지로 간파해 결국 신립을 파멸로 이끌었다. 신립은 타인의 마음을 헤아리거나 인간사의 이치를 이해하는 데 서툴렀던 무인이었고, 결국은 그 한계 안에서 생애를 마친다.

한때는 목숨을 걸고 청혼할 정도로 열정적이었던 여인이 원한을 품고 복수하는 이야기는 공포와 잔혹을 넘어서 허무를 환기시킨다. 여기서 신립의 죽음을 둘러싸고 왜 이런 이야기가 전해졌는가에 주목할 필요가 있다. 여기에는 원한에 대한 한국인의 뿌리 깊은 인식이 투사되어 있기 때문이다.

신립은 소녀를 구해준 은인이고, 소녀는 보답해야 할 입장이었다. 신립은 무과에 급제한 관리였고 소녀는 멸문의 위기에 처한 약자였다. 신립은 성인 남자였고 소녀는 어린 여자였다. 소녀의 청혼은 보은인 동시에 혼전에 남자를 만난 여자의 생존책이었다. 그가 거절했다고 다른 남자와 혼인하면 되는 문제가 아니었다. 설사 남들에겐 비밀로 간직한다고 해도 자신에게만큼은 떳떳할 수 없었다. 소녀는 사회적 생존을 위한 마지막 방편으로 청혼했던 것이다.

청혼을 거절한 신립의 태도는 이기적 처신으로 수용되었다. 신립과 소녀 사이에는 여러 층의 서열이 있었고, 무게중심은 신립에게 있었다. 신립의 거절은 약자에게서 마지막 생존권을 박탈한 것과 다름없었다. 이러한 맥락에는 가진 자, 신분이 높은 자, 능력이 있는 자, 자유를 더 많이 누리는 자가 타인을 더 많이 배려하고 포용해야 한다는 한국 문화의 정서가 자리해 있다. 권력이나 지위, 경제력이나 신분 등의 요건이 타인보다 우월한 처지에 있다면 자신을 (조금) 희생하더라도 타인을 먼저 배려해야 한다는 문화적 요청이 있었다. 신립은 이를 거절했고, 이야기는 외조부의 음성을 통해 당대의 문화적 요청을 대변했던 것이다.

상처와 분노, 원한의 화학작용

자살한 여인들의 사연을 하나로 모을 수 없지만, 일생을 의지하려 했던 남자와의 관계가 순탄치 않았던 것만은 확실하다. 순수하게 사랑을 고백하며 청혼한 여성도 있지만, 피치 못할 계기로 청혼해야 했던 상황의 희생자도 있었다. 신립 덕분에 목숨을 건진 여인처럼 보은의 차원에서 청혼하기도 했으며, 권씨의 삼대 과부들처럼 후사를 이으려고 합방을 요구하기도 했다. 자신의 취중발언을 기억하지 못해 여인을 자결로 내몬 경우도 있었다. 사연이야 다양하지만 이야기 속의 여인들이 자결한 공통적인 이유는 청혼을 거절당했기 때문이다.

당대 여성들에게 혼인이란 자기를 사회화하는 유일한 출구였다. 비록 청혼이 사랑이라는 감정적 이끌림에서 시작되었다고 해도 그 끝에도 감정이 자리 잡은 것은 아니었다. 사랑의 고백은 개인적 영역을 떠나 사회적 영역으로 흘러넘쳤고, 좌절된 사랑은 추문 속에서 더이상의 삶을 허락하지 않았다. 사랑을 고백한 여인에게 현실은 혼인, 아니면 죽음이라는 양극 중 한가지로만 귀결되었다.

청혼의 이유가 무엇이었건 간에, 남자와 혼전관계(물론 이 관계는 혼전 성관계가 아니라 '관계 맺음' 그 자체를 의미한다)를 맺은 여인이 더이상 관계를 유지할 수 없을 때 택할 수 있는 유일한 길은 죽음뿐이었다. 작중 인물이나 화자가 여인의 죽음에 공감하고 이를 동정한 것은 이 때문이다. 자살한 여인을 음녀나 탕녀로 비난하는 대신, 청혼을 거절해 여자를 자살로 몰고 간 남성에게 비난의 화살을 돌린 것이다. 심지어 여인이 성적 충동 때문에 고백한 경우에도 이들은 여인을 동정했고, 이를 거절한 남성을 졸장부 또는 소심하고 매몰찬 인간으로 비난했다.

이는 이야기의 화자가 여성 인물들의 '자살'을 '개인적 문제'가 아니라 명백한 '사회적 문제'로 인식했음을 보여준다. 명분이나 원칙보다는 인간의 본성이 우선이라고 생각한 것이다.

실제로 여인의 자살에 빌미를 제공했던 남성들은 여인이 자살한 후 한결같이 가난과 낙방, 병마와 고통 속에 살았으며, 요절하거나 급사하는 등 불행을 겪었다. 이야기는 이를 응보로 해석함으로써 여인의 저주와 복수를 현실화했다.

이런 이야기의 남성 인물은 모두 장차 관리가 될 예정이거나 학자, 고위 관직자였다. 이들은 과거에 합격해 명예를 드높이고 뜻을 펼치는 일을 오래도록 지속하고자 했으나, 하나같이 불행한 최후를 맞이한다. 이야기는 이를 여자에게 상처를 준 응보로 해석했다. 여인의 고백을 거절하는 일은 사람으로서 차마 해서는 안 되는 몰인정한 처사였고, 그런 인물이 복록을 누려서는 안 된다는 사회적 통념이 이야기의 흐름 속에 반영되었다.

여자의 원한이 남자의 현실에 영향력을 행사하는 것이 현실적으로 가능한가는 별도의 문제다. 남자를 불행하게 만든 여자의 원한이란 오히려 주술적이기조차 하다. 그러나 이야기는 약자의 마음을 헤아리지 못한 자, 융통성이 없는 원칙주의자에 대한 비판의 시선을 함축하면서, 타인에 대한 관대와 포용의 태도를 지지한다. 여자의 한과 저주는 현실에 부단히 영향을 미치면서 잘못된 태도를 교정하려 한다. 그런 의미에서 이 여인들은 '죽어야 사는 여자'였다고 볼 수 있다. 이것이 이야기가 갖는 문학적 힘이자 삶의 이치를 투영하는 문화 문법이다.

질투유발자와 그 적들

'질투하는 여자'는 낯설지 않다. 조선시대 이야기 속에 아내의 정조를 의심하여 질투심에 불타는 오셀로는 존재하지 않는다. 질투는 오직 '여자의 것'이었다. 질투를 다룬 조선시대 이야기는 나쁜 여자로 가득하다.

질투는 칠거지악에 속했다. 투기하는 여자는 내쫓아도 무방한 시대였다. 질투를 유발한 자에 대한 비난이나 질투를 유발한 사회적 조건 등은 거론되지 않았다. 이것이 함정이다. 질투하는 여자들은 질투를 '유발'한 남자들의 희생물이었다. 여인의 마음을 산산조각 내놓고 그들을 불행에 몰아넣은 남자가 있었기에 여자의 질투가 시작된 것이다. 그럼에도 질투라는 인간적 감정을 품은 여자들은 악녀라는 오명을 쓰고 사회에서 축출되었다.

질투하는 여성은 남성에게 자신의 전부를 건 것처럼 보인다. 그러나 그 이유가 반드시 사랑이었던 것은 아니다. 그보다 생존이라는 절박한 문제가 앞섰다. 여인에게 있어서 남자에게 선택받는다는 것은 곧 자신의 사회적 기반을 확보하는 일이었다. 여인의 질투는 단순한 욕망의 문제가 아니라 자기보호를 위한 방어기제였다. 여자의 질투는 감정싸움이 아니라 엄밀히 말해 생존을 위한 사회적이고 정치적인 투쟁이었다. 그 여자가 가부장제 사회에서 법으로도 보호받지 못하는 '첩'의 지위에 있다면 더더욱 그러했다.

더이상 남자의 관심을 받지 못하는 첩의 사회적 지위는 미약할 수밖에 없었다. 더구나 자식이 없는 첩이라면 그 위상은 더 낮아질 수밖에 없었다. 남자의 사랑과 관심은 그들의 사회적 생존권을 보장하는 유일한 방편이었다. 눈 밖에 난 첩이나 마음에서 멀어진 첩이 스스로를 보호하려면 다시 한번 남자의 눈길과 마음을 사로잡을 방법을 찾아야만 했다. 그런 노력이 본처의 눈에 곱게 보일 리 없었다. 일부일처제의 사회에서 첩들은 오직 남자의 사랑을 얻어야만 가정 안에서 자신의 자리를 차지할 수 있었다. 바로 그런 이유로 사랑을 얻기 위한 첩의 처신은 천하다는 질타를 받아야 했다. 사랑을 향한 첩들의 노력은 천한 자의 몫으로 치부되었다.

질투는 힘이 세다

선조의 사위였던 문충공 신익성申翊聖이 젊었을 적의 일이다. 그는 길을 지나다 자태가 빼어난 여인을 보았다. 이름이 옥玉이라고 했다. 그는 옥이를 데려다가 첩으로 삼고 총애했다. 나중에 그는 원주의 기생을 첩으로 들였다. 옥이는 이 사실을 질투해 화를 참지 못하고 목을 맸다. 신익성도 상심해 슬픔에 잠겼다.

얼마 후 신익성은 병으로 자리에 누웠다. 자식들이 침실을 지켰는데, 여러 날이 지나 피곤이 쌓여 깜빡 잠이 들었다. 깨어보니 옥이가 공과 나란히 누워 평소처럼 즐기는 것이었다. 공은 혼자 있고 싶다는 듯 손사래를 쳤다. 자제들은 할 수 없이 문을 닫고 방을 나왔다. 얼마 되지 않아 공은 세상을 떠났다.

— 『기문총화』

신익성의 총애를 듬뿍 받던 옥이는 그 사랑이 딴 데로 옮겨가자 이를 받아들이지 못했다. 옥이는 자살함으로써 신익성에게 자신의 서운한 마음을 전했다. 서술자는 "질투로 화가 나서 목을 맸다"고 했지만 옥이의 진심이 무엇인지는 명확히 드러나지 않는다. 옥이의 내면은 철저하게 타자화되었다.

질투로 죽은 옥이는 귀신이 되어 소원을 이뤘다. 사랑을 독차지하려는 여인의 집념은 삶과 죽음의 경계마저 뛰어넘었다. 그러나 신익성의 사인死因은 분명치 않다. 귀신에게 혼을 빼앗긴 것인지, 아니면 옥이의 혼령을 보고 삶의 의욕을 상실했는지, 옥이의 복수 때문인지, 이야기는 명확한 답을 제시하지 않았다. 하지만 옥이가 죽은 뒤로 새로 들인 기생 첩의 존재감이 사라진 것만은 분명하다. 그는 귀신이 되어 나타난 옥이에게 사랑을 도로 빼앗겨 신익성의 임종을 지키지도 못했다. 이야기에서 완전히 배제된 것이다. 관심의 독점이라는 귀신의 욕망은 온전히 성취되었다.

질투는 가공할 파괴력을 지녔다. 그러나 무서운 질투 이야기는 정작 질투하는 여성이 자신에게 닥친 사회적 위기를 단지 심리적 대응만으로 처리해야 했던 난처함에 대해 침묵하고 있다.

질투와 복수, 악순환의 고리

득옥은 성천 기생이다. 자색이 빼어나고 거문고 연주와 노래가 절묘했다. 인평대군이 사신이 되어 평안도를 지나다가 득옥을 보았다. 그는 한눈에 사랑에 빠져 득옥을 궁으로 불렀다. 시녀로 삼고서 잔치 때마다 시중들게 했다.

그런데 인평대군의 처남인 오정일이 오래도록 득옥을 마음에 두고 있었다. 이윽고 몰래 득옥을 불러 가까이했다. 그의 처가 이 사실을 알고 질투하여 화를 냈다. 오정일의 처는 궁에 있는 사람들과 은밀히 모의하여 득옥을 무고했다. 득옥이 궁에서 금 오십 냥을 훔쳤노라고 인평대군의 부인에게 일러바쳤다. 인평대군의 부인은 크게 노해 득옥을 때려 죽였다. 사람들은 득옥이 원통하게 죽었음을 알고 슬퍼했다.

그러던 어느 날, 침실에서 붉은 피가 흘러나오더니 멈추지 않았다. 얼마 후 인평대군이 병이 들어 자리에 누웠다. 곁에서 인평대군을 모시던 궁인은 대군의 곁에 있는 득옥을 보았다. 머리카락이 곤두서고 몸이 떨렸다. 얼마 되지 않아 인평대군이 세상을 떠났다.

홀연 부인의 방에서 득옥의 목소리가 들렸다.

"부인, 마음이 어떤가요? 명부에서는 죄 없이 죽은 것이 가엾다며 다시 대군을 모시고 팔각정에서 즐기라고 허락했답니다. 부인, 지금은 오히려 제가 부럽지 않으세요?"

팔각정은 동산 위에 있었다. 궁노宮奴, 궁방(宮房)에 딸려 있던 사내종가 마침 일이 있어 한밤중에 동산에 들어갔는데, 과연 거문고 소리가 나더라고 했다. 인평대군의 부인은 밤마다 자기 방에서 득옥을 보았다. 부인도 두어 달 만에 죽고 말았다.

—『기문총화』

억울하게 죽은 자는 귀신이 되어 현실로 돌아왔다. 득옥은 인평대군의 사랑을 받았다는 죄로 오명을 입고 몰매를 맞아 죽었다. 기생이란 선택받는 존재일 뿐, 스스로 사랑을 택할 권한은 없었고 권세를 갖춘 대군 입장에서는 아름답고 재주 많은 기생을 마다할 이유가 없었을 것이다. 문제는 그 기생이 지나치게 아름다웠다는 데 있다. 처남지간에 기생 하나를 두고 삼각관계가 된 것이다. 오정일은 매부의 여자를 탐했다. 게다가 사랑의 경쟁 상대였던 매부는 왕의 아들이었다. 질투심에 사로잡힌 오정일의 처는 궁인들과 모의해 득옥을 도둑으로 몰았다. 화가 난 대군의 부인은 득옥을 때려 죽였다.

이야기 속에서 득옥이 죽는 과정은 석연치 않다. 남편과의 관계를 안 부인이 절도사건을 빌미로 득옥에게 화풀이했을 수도 있다. 사람들이 득옥의 원통함을 알았다는 것을 보면, 두 남자와 관계한 것이 득옥의 자의는 아니었던 모양이다. 사람들은 득옥을 질타하기보다는 동정했다. 원치 않는 삼각관계의 희생양이 된 것을 가없게 여겼다.

득옥이 죽자 궁 안에 괴변이 발생한다. 침실에 영문 모를 피가 흘러내린 것이다. 이 피는 득옥의 것이라는 소문이 번졌을 것이다. 바로 그즈음 인평대군이 병이 든 것은 우연이 아니라, 죄책감 때문인지도 모른다. 세간에는 분명 귀신의 저주라는 소문이 돌았을 것이다.

살았을 적의 득옥은 인평대군과 그 처남, 부인들에게 휘둘려 자신의 의사를 표현하지 못했다. 그녀는 마음을 표현할 수 없는 약자였다. 죽은 뒤 귀신이 되어서야 득옥은 자신의 속마음을 토로했다. 자신의 무고함을 명부에서 인정받았을뿐더러, 대군의 사랑까지 허락받았다. 상상 속의 저승은 언제나 죽은 자의 편이다. 저승은 억울하게 죽은 약자에게 제 목소리를 돌려

준다. 비로소 대군의 부인은 사랑의 삼각관계에서 완전히 패배한다.

득옥이 병든 남편을 찾아왔을 때, 부인은 패배를 자인해야 했다. 그것으로도 모자랐던지 득옥은 부인의 생명까지 앗아갔다. 사실은 득옥이 부인을 살해한 것이 아니라 부인 스스로 고통과 죄책감에 시름시름 앓았을 것이다. 득옥의 환영을 목도한 순간, 인평대군의 부인은 죽음을 직감했을 것이다. 귀신담의 공포는 엄밀히 말해 귀신의 복수가 아니라 가해자의 죄책감, 그에 대한 자기 처벌의 형식으로 완성된다.

이 이야기에는 권력을 남용한 자, 약자를 괴롭힌 자, 남을 무고한 자에 대한 질타의 시선이 반영되어 있다. 인평대군과 부인이 죽은 진짜 이유는 영원한 미스터리로 남지만, 그 죽음에 득옥의 원혼이 개입되었다는 해석은 현실감을 갖는다. 그렇게 하여 문학 공간은 현실의 문제를 제어하는 상상의 장치로 작용한다.

이 이야기는 질투 때문에 살인도 불사한 여자를 통해 사랑에 대한 무서운 집착과 참혹한 개인사를 전달한다. 사랑하는 여인을 두고 다른 여자에게 마음을 준 신익성이나, 사랑했던 여인의 진실을 외면한 인평대군은 모두 저승길로 떠났다. 여기에는 사랑에 집착하는 여자에 대한 남자의 공포가 투영되어 있다. 동시에 사랑을 통해 자신의 존재를 증명하려 했던 여자의 의지가 반영되어 있다. 이 여인들에게 사랑은 달콤하고 낭만적인 환상이 아니라, 자신을 사회화할 수 있는 유일한 현실적 통로였다. 바로 그런 이유로 사랑은 위태롭고 불안한 폐쇄 구조 속에 놓였다. 그럼에도 불구하고 여성들이 자신의 사회적 영역을 지키려는 노력을 질투라는 이름으로 호명한 것이야말로 당대 여성을 감정적으로 통제하려 했던 이데올로기의 지배력인 것이다.

6

판타지와 공포,
귀신 이야기의
건강성

귀신 이야기는 음파가 잡히지 않는 어두운 내면에 달아 놓은 문학적 확성기와 같다. 살아서는 할 수 없었던 말이 문학적 상상력의 힘으로 태어난 귀신 이야기 속에 고스란히 담겼다. 비록 현실 세계에서는 사회적 금기에 도전하는 것으로 여겨졌을 말이라도, 이야기에서는 자연스레 수용됐다. 물론, 이야기 속에서라도 사회의 모순을 뼈아프게 들추는 진실의 음성에 귀기울이는 것은 불편한 일이다. 바로 이 '불편함'이 귀신 이야기가 형성하는 공포의 요체다.

이야기 속에 등장하는 귀신의 내력은 분명하다. 그것은 그들이 더는 현실에서 살아갈 수 없었던 비극을 겪었다는 점이다. 그리고 그 슬픈 사연은 모종의 음모와 억압에 연루되어 있다. 귀신들은 그 억울함을 풀기 위해 현실로 돌아와 억눌렸던 자신의 내면을 '귀곡성'의 방식으로 표현했다. 한국인에게 귀신의 이미지가 유독 처녀귀신으로 고착된 것은 미혼 여성에 대한 사회적 억압과 희생의 그림자를 반영한다. 부모의 명에 따라 혼인해야 했던 딸, 전쟁의 폭력 속에서 성적으로 희생당한 여성, 사랑의 자율성을 원천적으로 차단당한 처녀, 재혼 가정에서 소외되었던 전실 딸, 일부일처로 구성된 가족관계망의 바깥에 있었기에 출산과 양육의 권리를 행사할 수 없었던 첩, 남자의 사교 파트너로만 인정되었던 기생 등, 전근대 사회의 제도와 이념 속에서 숨죽인 채 살아야 했던 여성들은 귀신이 되어서야 비로소 말할 수 있는 권한을 부여받았다. 그들의 목소리는 현실이 가둔 상처와 비의悲意, 슬픈 뜻로 가득했기 때문에 청자들은 이를 감당하기 어려운 공포의 목소리로 여겼다.

여성이 억눌렸던 목소리를 내기 위해 귀신의 몸을 빌려야 했던 비극적 상황, 아울러 그러한 은유 기제를 뒷받침하는 현실의 모습은 비단 전근대로 한정되지 않는다. 양성평등을 지향하는 현대사회에서 여성은 사회 진출의 기회는 물론 자신의 뜻을 사회화하는 공평한 기회를 확보한 것처럼 보인다. 여성의 사회적 영향력이나 지위를 강조하는 문화적 홍보도 활발하다. 그러나 사회구성원 전체의 의식과 제도 전반에 걸쳐 꼼꼼히 살펴본다면 여성을 향한 인식과 관념, 현실적 제도 등은 여전히 모순과 불평등의 문제에서 온전히 자유롭지 못하다. 그리고 사회가 복잡해지고 사회 구성의 조직체계가 중층화됨에 따라 억압과 통제의 기제도 다양해지고, 소통의 사각지대도 그에 비례하여 증가하고 있다. 이들을 아우른 소수자, 하위주체들을 새롭게 바라보려는 노력이 생겨났다고 해도, 그들에게 침묵을 강요하는 문화적 관성은 여전히 힘을 발휘하고 있으며, 자기표현의 기회가 적었던 그들은 여전히 사회화에 서툴다. 현대사회에도 약자나 소수자에게 무언가를 말할 수 없도록 강제하는 힘이 발휘된다면, 그것은 완전히 억압되었다기보다는 언제든 호출될 수 있는 귀곡성의 형태로 은폐되어 있을 뿐임을 인정할 필요가 있다.

제때에 표현되지 못한 감정, 발설되지 못한 내면은 마치 장전된 화약이 폭발하듯 귀신이라는 충격적 존재로 현현한다. 비탄에 젖은 귀신의 음성에 귀 기울일 때, 그래서 그(녀)를 이해의 태도로 포용할 때에만 그(녀)는 타인뿐만 아니라 자기 자신으로부터, 스스로 얽어맨 귀신의 몸으로부터 해방될 수 있다. 이해는 소통이고 소통은 생명의 원천인 '숨'의 시작, 너와 나의 경계를 넘나드는 생명 활동의 단초이기 때문이다.

그런 이유로 귀신의 '말하기'는 문화적 위험 지수에 대한 문학적 안전장치이자 일종의 경고음이라 할 수 있다. 단, 그것은 독자의 공감을 전제로 했을 때에만 유효성을 지닌다. 공감 가능한 귀신의 정체는 사회가 내재적으로 길러온 위험성의 요인이나 사회가 의식적/무의식적으로 은폐한 불행지수를 지시하면서 이제 어떠한 방향 전환을 모색해야 할지에 관해 '그들만'의 문제가 아닌 공동체 '모두'의 문제로서 사유하게 하는 것이다.

그런 의미에서 귀신 이야기에 관심을 갖는 것뿐만 아니라 이에 접근하는 태도 또한 중요하다. 오직 '흐느끼는 음성'으로 말하는 귀신의 소리 '귀곡성'은 당사자가 살아서는 할 수 없었던 말, 은폐를 강요당한 내면의 표현이라는 점에서 사회적 억압이나 강제 사항에 대한 온몸의 고백이라 할 수 있다. 그 음성에 귀 기울이는 것은 어쩌면 인간으로서 지켜야 할 매너이자 의무인지 모른다.

귀신 이야기는 음파가 잡히지 않는 어두운 내면에 달아 놓은 문학적 확성기와 같다. 살아서는 할 수 없었던 말이 문학적 상상력의 힘으로 태어난 귀신 이야기 속에 고스란히 담겼다. 비록 현실 세계에서는 사회적 금기에 도전하는 것으로 여겨졌을 밀이라도, 이야기에서는 자연스레 수용됐다. 물론, 이야기 속에서라도 사회의 모순을 뼈아프게 들추는 진실의 음성에 귀 기울이는 것은 불편한 일이다. 바로 이 '불편함'이 귀신 이야기가 형성하는 공포의 요체다.

그리고 역설적이게도 그렇게 형성된 공포는 당대 사회의 건강성을 반영하는 지표가 된다. 귀신 이야기를 '한다'는 것은 사회가 소외시키고 배제시킨 대상이 무엇인지를 고민하고 발설하는 증표가 되기 때문이다. 그것이 화들짝 놀라는 단발성 공포의 형식일지라도, 전율이 발생하는 바로 그 순간만큼은 사회의 그늘을 들추는 불편한 진실과 목도하게 된다. 그래서 공포의 순간은 차라리 신성하다. 섬뜩하고도 빛나는 여자 귀신들은 오늘날에도 여전히 무수한 현실적 장벽 속에서 그들의 은폐된 목소리를 전파하기 위해 '이야기'라는 건강한 어둠의 경로로 끊임없이 존재증명을 시도하는 것이다. 사회의 모순이 엄연히 존재하는 한, 귀신 이야기는 불멸의 공포 장르, 비극의 파토스로 살아 있을 것이다. 그리고 귀신 이야기가 끝나지 않은 한, 불합리한 현실에 대한 준열한 비판 정신 또한 살아 있음을 기억해야 할 것이다.

1 성백효 역주,『현토 완역 대학·중용집주』, 전통문화연구회, 1996, 77~78쪽.

2 文相琦,「朝鮮朝 士類의 鬼神觀 硏究」,『부산한문학연구』 9집, 부산한문학회, 1995, 98쪽.

3 에드가 모랭은『인간과 죽음』(김명숙 역, 동문선, 2000, 53~54쪽)에서 복수로서의 자살과 희생으로서의 자살, 절망과 고독과 신경쇠약으로서의 자살을 언급했는데, 엄밀히 말하자면 개인의 기질이나 성격에 따른 자살도 사회와의 관계 맥락을 배제시킬 수 없다.

4 박태호,『장례의 역사』, 서해문집, 2006, 145~148쪽.

5 영화 〈장화홍련〉의 변이 양상에 관한 연구는 백문임,『월하의 여곡성』(책세상, 2008), 158~166 에 자세하다.

6 서구적 전통에서 '자살'은 "자신을 해치다" "자신을 분쇄하다" "자신을 살해하다" "자신의 살해자가 되다" "스스로를 죽이다" "스스로를 없애다" 등의 완곡어법으로 표현되어왔으며, 하나의 범죄로 지칭되었다고 한다. 즉 자살은 신에 대한 불경죄인 동시에, 법적 권위를 지키고 공소를 유지해야 할 군주의 권한을 사취한 인간에 대한 불경죄, 즉 형법상의 범죄로 간주되었던 것이다. 그로 인해 푸코가 지적한 바대로 '시체에 대한 재판' '공개적인 시체 처벌' '부관(剖棺, 죽은 뒤에 죄가 드러나 무덤을 파고 관을 꺼내어 시체에 형을 가하는 것)' '자살한 자의 재산 몰수' 같은 형벌이 가해졌다(이진홍,『자살』, 살림, 2006, 33~34쪽).

7 이진홍(2006), 37~40쪽.

8 김효창,「성인 자살의 특성과 자살유형에 관한 연구」,『한국심리학회지: 사회문제』 12권, 한국심리학회, 2006.

9 김진혁,「최근 자살의 실태분석 및 예방대책에 관한 연구」,『한국공안행정학회보』 17호, 2004, 133쪽.

10 김진혁(2004), 131~133쪽.

11 우리나라 노인 자살률은 해마다 증가하고 있다. 보건복지가족부에 따르면 1995년과 2005년에서 노인의 자살률은 60~64세 노인: 17.4 → 48.0명, 65~69세: 19.2 → 62.6명, 70~74세: 24.8 → 74.7명, 75~79세: 27.5 → 89명, 80~85세: 30.2 → 127.1명으로 대폭 증가했다(오진탁, 『자살, 세상에서 가장 불행한 죽음』, 세종서적, 2008, 27쪽).

12 김효창, 「성인 자살의 특성과 자살유형에 관한 연구」, 『한국심리학회지: 사회문제』 12권, 한국심리학회, 2006, 23~24쪽.

13 Catedra, Maria, *This World, Other Worlds*, Chicago: The University of Chicago Press, 1992(김진혁, 2004, 13쪽에서 재인용).

14 이상은 김진혁(2004), 136쪽 참조. 이진홍(2006), 42~43쪽. 프로이트는 1916년에 발표한 「슬픔과 우울증」이라는 논문에서 자살을 '증오와 공격성이 외부로 향하지 않고 자신 속으로 내향화된 것으로, 일종의 전도되고 이전된 살해'로 규정한 바 있다(이진홍, 2996, 42쪽).

15 이는 고전소설 865종의 줄거리를 실은 조희웅의 『고전소설 줄거리집성』 1, 2(집문당, 2002)에서 선별했다. 이 중에서 문헌설화, 야담, 인물전, 몽유록, 중국 번역소설 등은 제외했다. 줄거리에 따른 통계이고 요약의 원칙이 통일되지 않았으므로 작품의 실상과 차이가 날 수 있다. 그러나 사실상 전체를 읽고 통계를 내는 것이 불가능하다는 점에서 대안적 유용성을 지닌다. 통계의 내용은 최기숙, 「'여성 원귀'의 환상적 서사화 방식을 통해 본 하위 주체의 타자화 과정과 문화적 위치─고전 소설에 나타난 '자살'과 '원귀' 서사의 통계 분석을 바탕으로」(『고소설연구』 22집, 한국고소설학회, 2006)를 참조했지만 이 책에는 기존 논문에서 다루지 않은 새로운 통계도 포함되어 있다. 이하 이 책에서 언급하는 모든 통계는 반올림하여 계측한다. 통계상 오차가 있을 수 있음은 앞서 밝힌 바와 같다. 정량 계측이 아닌 정황 파악 정도로 이해하기 바란다.

16 예컨대 2인이 동시에 2회 자살을 기도한 경우는 4회로 계산한다. 오차가 있을 수 있다.

17 괄호 안의 횟수는 작품별 자살자와 횟수를 총합한 숫자이다. 백분율은 여성 자살 시도 총 141회를 기준으로 표기했으며, 반올림했다.

18 백분율은 전체 19회를 기준으로 삼는다.

19 정연식, 『일상으로 본 조선시대 이야기』 2, 2001, 청년사, 37~38쪽.

20 김효창, 「성인 자살의 특성과 자살유형에 관한 연구」, 『한국심리학회지: 사회문제』 12권, 한국심리학회, 2006, 24~25쪽.

* 이 책에서 참고한 18·19세기 야담집은 다음과 같다.

『기문총화』 1-5권, 김동욱 역, 아세아문화사, 1999.

『동패락송』, 김동욱 역, 아세아문화사, 1996.

『청구야담』, 시귀선·이월영 역, 한국문화사, 1995.

『주해 청구야담』 I-III권, 최웅 외 편, 국학자료원, 1996.

『천예록』, 김동욱 외 역, 명문당, 1995.

『양은천미』, 정명기 역, 보고사, 2000.

김동주 편역, 『설화문학총서』 1-4권, 전통문화연구회, 1997.

이우성·임형택 편역, 『이조한문단편집』 상·중·하, 일조각, 1973, 1978.

최기숙, 「불멸의 존재론, '한'의 생명력과 '귀신'의 음성학―18·19세기 야담집 소
　　　　재 '귀신'과 '자살' 일화를 중심으로」, 『열상고전연구』 16집, 열상고전연구
　　　　회, 2002.

최기숙, 「'여성 원귀'의 환상적 서사화 방식을 통해 본 하위 주체의 타자화 과정과
　　　　문화적 위치―고전소설에 나타난 '자살'과 '원귀' 서사의 통계 분석을 바
　　　　탕으로」, 『고소설연구』 22집, 한국고소설학회, 2006.

텍스트의 내용은 대체로 원전을 요약해 제시하고 출전을 밝혔다. 직접 인용한 경우에는 일
차적으로 번역본을 활용하되 부분적으로 필자가 재번역했다.

'키워드 한국문화'는 한국의 역사와 문화를 재발견하는 작업이다. 한국문화의 정수를 찾아 그 의미와 가치를 정리하는 일이다. 한 장의 그림 또는 하나의 역사적 장면을 키워드로 삼아, 구체적인 대상을 통해 한국을 찾자는 것이다. 처음 소개되는 것도 있을 것이고, 잘 알려져 있더라도 이제야 그 진면목이 드러나는 것도 있을 것이다. 영상과 멀티미디어에 익숙한 현대적 감각에 맞추어 시청각자료를 풍부히 활용하고자 했다. 우리 것이니 당연히 알아야 한다는 의무감에서가 아니라, 같은 땅에 살았던 사람들의 삶의 이야기를 조근조근 들려주어 자연스레 책을 펼쳐볼 수 있게 했다. 이로써 멀게만 느껴졌던 인문학과 독서대중의 간극을 좁히고자 했다.

한국문화를 전혀 모르는 사람들에게나, 어렴풋이 알고 있다고 생각하지만 선입관에 사로잡힌 사람들에게, 또 좀더 깊이 알고자 하지만 길을 찾지 못하는 사람들에게 '키워드 한국문화'는 좋은 안내자가 될 것이다. 한국이 어떤 나라인지 묻는 외국의 벗에게 이 책 한 권을 건넴으로써 대답을 대신할 수 있을 것이다. 책이 한 권 한 권 간행될수록 한국문화의 특징과 아름다움이 더욱 선명히 모습을 드러내리라 믿는다. 책으로 만든 '한국문화 특별전시관'의 완공을 손꼽아 기다린다.

키워드 한국문화 기획위원
김문식, 박철상, 신수정, 안대회, 정병설

키워드 한국문화 6
처녀귀신
ⓒ 최기숙 2010

1판 1쇄 2012년 6월 12일
1판 2쇄 2024년 11월 11일

지은이 최기숙

책임편집 구민정 | 편집 임혜지 오동규 | 독자모니터 유부만두
디자인 엄혜리 한충현 김민하 | 저작권 박지영 형소진 최은진 오서영
마케팅 정민호 서지화 한민아 이민경 왕지경 정경주 김수인 김혜원 김하연 김예진
브랜딩 함유지 함근아 박민재 김희숙 이송이 박다솔 조다현 배진성
제작 강신은 김동욱 이순호 | 제작처 영신사

펴낸곳 (주)문학동네 | 펴낸이 김소영
출판등록 1993년 10월 22일 제2003-000045호
주소 10881 경기도 파주시 회동길 210
전자우편 editor@munhak.com | 대표전화 031)955-8888 | 팩스 031)955-8855
문의전화 031)955-3579(마케팅), 031)955-2671(편집)
문학동네카페 http://cafe.naver.com/mhdn
인스타그램 @munhakdongne | 트위터 @munhakdongne
북클럽문학동네 http://bookclubmunhak.com

ISBN 978-89-546-1135-0 04900
      978-89-546-0990-6 04900 (세트)

www.munhak.com